AF194354

Cristianismo
y Economía
de Mercado

CRISTIANISMO Y ECONOMÍA DE MERCADO

Lucas Beltrán (de pie, tercero por la derecha) en la reunión de la Comisión española del Congreso por la Libertad de la Cultura que se celebró en casa del arquitecto Fernando Chueca en 1965

LUCAS BELTRÁN

CRISTIANISMO Y ECONOMÍA DE MERCADO

Unión Editorial
2026

© 1986 UNIÓN EDITORIAL, S.A.
© 2026 UNIÓN EDITORIAL, S.A. (Segunda edición)
c/ Hilarón Eslava, 21- local • 28015 Madrid
Tel.: 91 350 02 28
Correo: editorial@unioneditorial.net
www.unioneditorial.es

ISBN: 978-84-7209-963-0
Depósito legal: M-25.345-2025

Compuesto e impreso por EL BUEY LIBERAL, S.L.

Impreso en España • *Printed in Spain*

Reservados todos los derechos. El contenido de esta obra está protegido por las leyes que establecen penas de prisión y multas, además de las correspondientes indemnizaciones por daños y perjuicios para quienes reprodujeran total o parcialmente el contenido de este libro por cualquier procedimiento electrónico o mecánico, incluso fotocopia, grabación magnética, óptica o informática, o cualquier sistema de almacenamiento o sistema de recuperación, sin permiso escrito de Unión Editorial, S.A.

Cualquier forma de reproducción, distribución, comunicación pública o transformación de esta obra solo puede ser realizada con la autorización de sus titulares, salvo excepción prevista por la ley. Diríjase a CEDRO (Centro Español de Derechos Reprográficos, www.cedro.org) si necesita fotocopiar o escanear algún fragmento de esta obra.

ÍNDICE

7

NOTA EDITORIAL

Unión Editorial se honra en ofrecer esta segunda edición revisada de *Cristianismo y economía de mercado*, una de las obras más influyentes de Lucas Beltrán, que vuelve a cobrar plena actualidad en el debate contemporáneo sobre la justicia social, la libertad y el papel de la economía en la vida cristiana. Este trabajo dio título a una de las colecciones insignia de la editorial, y dada su vigencia, ponerla de nuevo al alcance de nuestros lectores se antojaba prioritario.

En tiempos en que la Iglesia reflexiona de nuevo sobre el equilibrio entre solidaridad y responsabilidad personal, este ensayo invita a un diálogo sereno entre fe y razón económica, sin reduccionismos ideológicos.

La presente edición ha sido cuidadosamente revisada y actualizada, respetando el texto original y añadiendo notas que facilitan su lectura a nuevas generaciones de creyentes, académicos y ciudadanos preocupados por la ética del mercado.

La vigencia de Beltrán no está solo en sus argumentos, sino en su espíritu: el de quien busca una sociedad libre fundada en la verdad del Evangelio y en la dignidad de toda persona humana.

PRÓLOGO

Escribir un libro sobre las materias que sugiere el título de este es tarea ardua. Para tratarlas de manera adecuada sería necesario que el autor tuviera conocimientos amplios por lo menos de Teología, de Economía, de Política y de Historia. Que reuniera la ciencia de Santo. Tomás de Aquino, de Adam Smith, de Tocqueville y de Mommsen. Algún lector juzgará que el autor de este libro no tenía fuerza suficiente para acometer la empresa, que no se ha dado cuenta de sus dificultades y que ha sobrevalorado su propia capacidad. Quien formule este juicio habrá acertado a medias. Es verdad que el autor no está capacitado para escribir el libro que la extensión y profundidad del tema merecen; pero no lo es que no se dé cuenta de sus limitaciones. Si, a pesar de ellas, se ha decidido a escribir esta obra y publicarla, es porque juzga la materia de gran importancia y porque cree que, aunque se han escrito sobre la misma obras de mérito, vale la pena seguir analizándola. Si logra arrojar un poco más de luz sobre algunos aspectos, se dará por muy satisfecho. Y si este libro suscita imitadores que lleven más adelante la investigación, su satisfacción será aún mayor.

El interés del autor por el tema fue despertado por un artículo y un libro que juzga de valor excepcional: el artículo del profesor francés Daniel Villey, *La economía de mercado ante el pensamiento católico,* y el libro del profesor español Enrique Menéndez Ureña *El mito del cristianismo socialista*.* Los dos aclararon sus ideas e hicieron surgir en él el proyecto de trabajar en el mismo sentido y escribir algo que modestamente pudiera continuar la labor realizada por ellos.

El carácter complejo de este libro obliga de cuando en cuando a variar el lenguaje. Es posible que algunos lectores clasifiquen sus páginas en dos grupos: las que contienen ideas generales y reflexiones de carácter religioso y las que analizan ideas económicas. Ello es inevitable en una obra que trata de buscar el sistema económico más aceptable para un cristiano. En las páginas dedicadas a temas económicos, el lenguaje es un poco distinto y tal vez será más difícil para algunos lectores. Lo sentimos y les pedimos perdón, pero estas transiciones son indispensables si se quiere alcanzar el objetivo que nos hemos fijado. Con todo, creemos que con un poco de atención y paciencia, todos los lectores comprenderán las páginas que van a continuación.

---

* Editado por Unión Editorial en 1981 (3ª ed. 1984). El artículo del prof. Villey, en su versión española, fue incluido en el volumen del mismo autor de *Economía libre o dirigida?,* Unión Editorial, Madrid 1973.

LUCAS BELTRÁN FLÓREZ: SEMBLANZA DE UN ECONOMISTA[1]

Por Jesús Huerta de Soto

Pocas oportunidades hay en la vida académica tan gratas y enriquecedoras como la de escribir una semblanza biográfica e intelectual de un maestro y amigo. Máxime si, como sucede en el caso del profesor Lucas Beltrán, su vida se extendió de forma dilatada a lo largo de casi la totalidad del siglo XX y, por tanto, estuvo sometida y a la vez fue partícipe de los avatares y vicisitudes que constituyen la apasionante historia de nuestro país durante dicho periodo. Además, Lucas Beltrán, como economista y profesor de Economía, ha representado un importante papel en la evolución del pensamiento económico (y

[1] Este ensayo se publicó originalmente como estudio preliminar al libro de Lucas Beltrán *Ensayos de economía política* (Unión Editorial, Madrid 1996). El autor expresó su agradecimiento a los profesores José T. Raga Gil, José Luis Pérez de Ayala, Francisco Cabrillo Rodríguez, Carmen González de Aguilar y Cristina Castro por «los valiosos comentarios y sugerencias que me han proporcionado con motivo de la realización de este estudio, así como la desinteresada colaboración que me prestaron los tres últimos a la hora de corregir las pruebas de imprenta de las sucesivas versiones del libro». Indicó adicionalmente el autor que «mi mayor deuda de gratitud la tengo, no obstante, con el propio profesor Lucas Beltrán que, con gran paciencia y cortesía, se sometió gustoso a todas mis preguntas e interrogatorios. El contenido de este estudio y, por tanto, sus posibles aciertos y errores son, sin embargo, de mi exclusiva responsabilidad».

también, como veremos, de la política económica) de nuestro país. Finalmente, don Lucas, aparte de ser un gran economista, siempre hizo gala de un claro posicionamiento humanista y liberal y hoy, sin duda alguna, puede ser considerado como uno de los economistas liberales más importantes del siglo XX español. El presente estudio tiene por objeto trazar una semblanza o breve biografía del profesor Lucas Beltrán, elaborando un bosquejo histórico de su vida, que será también un bosquejo histórico de la vida de España, de la economía y de los economistas españoles, y del movimiento e ideario liberal en nuestro país a lo largo del siglo XX.

I
NACIMIENTO Y PRIMEROS ESTUDIOS
(1911-1927)

Lucas Beltrán nació en Alcanar (Tarragona) el 24 de marzo de 1911.[2] Su padre, Juan Bautista Beltrán Ulldemolins, era médico, si bien se dedicó principalmente como empresario agrícola a explotar unas propiedades familiares sobre todo dedicadas al cultivo de las naranjas y el arroz. La familia

---

[2] Cuando nació don Lucas presidía el Consejo de Ministros el político «liberal» José Canalejas, que había sustituido a Moret en febrero de 1910. La presidencia de Canalejas generó una favorable expectación popular, sobre todo por la sencillez de sus costumbres y el programa «reformista» que quiso emprender y que no pudo llevar a cabo al ser asesinado poco más de año y medio después por el anarquista Pardiñas en la Puerta de Sol de Madrid el 12 de noviembre de 1912. En cuanto a nuestro juicio sobre la labor política de Canalejas, ha de ser forzosamente ambivalente, pues si bien es cierto que llevó a cabo algunas medidas liberalizadoras, como la suspensión del impopular «Impuesto de consumos», no lo es menos que restableció el servicio militar obligatorio (abolido en su mayor parte por el

Beltrán estaba radicada en Alcanar donde el abuelo, Lucas Beltrán, era farmacéutico de simpatías carlistas[3] y la abuela, Justa Ulldemolins, se dedicaba a sus labores.

Gran influencia tuvo en don Lucas su madre, Josefa Flórez Canicio, mujer «intelectual y autodidacta».[4] Josefa había nacido en San Carlos de la Rápita y era hija de Ricardo Flórez Cañedo, asturiano licenciado en Derecho por la Universidad de Oviedo, que opositó a juez y obtuvo la plaza del Juzgado de Primera Instancia de San Carlos de la Rápita. Allí conoció a Manuela Canicio Ferrand, abuela materna de nuestro biografiado. Según don Lucas, los Canicio, a diferencia de la rama familiar de sus abuelos paternos, eran bastante «de izquierdas» y de ascendencia posiblemente judía. En todo caso, el magistrado asturiano enraizó perfectamente en Tarragona[5] y supo crear en su entorno un ambiente intelectual de gusto por el estudio, en el que desde muy niño se vio imbuido don

---

general Prim tras nuestra Gloriosa Revolución de 1868) y siguió adelante con la inmoral y nefasta política de gradual implicación militar de nuestro país en Marruecos. Véase, por ejemplo, el interesante trabajo «El regeneracionismo maurista y el regeneracionismo canalejista (1907-1912)», cap. II del libro de Carlos Seco Serrano y José M.ª Jover Zamora, *La España de Alfonso XIII: el Estado y la Política (1902-1931)*, vol. I, *De los comienzos del reinado a los problemas de posguerra (1902-1922)*, tomo XXXVIII de *Historia de España (Ramón Menéndez Pidal)*, Espasa Calpe, Madrid 1995, especialmente las pp. 196-201.

[3] De acuerdo con Pabón, el carlismo, junto con el proteccionismo económico, el federalismo y la tradición cultural autóctona, son las cuatro corrientes que confluyen en la formación del catalanismo político. Jesús Pabón, *Cambó 1876-1918*, Vol. I, Editorial Alpha, Barcelona 1952, pp. 98-163.

[4] De «normales y buenos» califica don Lucas a sus padres, Juan Bautista y Josefa.

[5] Don Lucas recuerda que el sueldo como magistrado de su abuelo materno ascendía a trescientas pesetas al mes y se consideraba, a la sazón, bastante apreciable.

Lucas, pues su padre, al poco de casarse, decidió irse a vivir con su suegro a San Carlos de la Rápita. Además, recuerda también el profesor Beltrán cómo, desde su más tierna infancia, en su hogar todos hablaban en catalán, a excepción de su abuelo materno, el juez Ricardo Flórez, que siempre hablaba, y todos le contestaban, en castellano.

Don Lucas fue el mayor de cinco hermanos todos ellos varones. Le siguieron Ricardo, que acabó la licenciatura en Derecho y fue asesinado al comienzo de la Guerra Civil; Juan, que fue también abogado y padre de cuatro hijos, entre los que se encuentra la conocida actriz y escritora Emma Cohen (cuyo verdadero apellido es, por tanto, Beltrán); Pepe, que murió de joven a causa de una meningitis; y Manuel, que aún vive, y ha ejercido la medicina en Barcelona.

El joven Lucas recibió a domicilio sus primeras lecciones sobre las letras españolas, de la mano de un pariente que era profesor particular y de una monja amiga de la casa. Estas clases se impartían en castellano y tenían como objetivo el prepararle para ir al colegio. Así, al alcanzar los diez años de edad, Lucas Beltrán es enviado como alumno interno al Colegio que los Hermanos de la Doctrina Cristiana tenían en la localidad castellonense de Benicarló, situada a treinta kilómetros al sur de San Carlos de La Rápita. No son totalmente buenos los recuerdos de nuestro biografiado sobre el curso que pasó interno en Benicarló, quizá por el comprensible trauma que, a tan tierna edad, siempre supone el verse forzado a separarse durante tanto tiempo de la familia.[6] En

---

[6] Quizá don Lucas compartiera alguno de los sentimientos que tan poéticamente describiera Azorín al referirse a la «angustia» que le producía su inclusión, desde los 8 años, en un internado lejos de su familia: «Cuando los pámpanos se iban haciendo amarillos y llegaban los crepúsculos grises del otoño, entonces yo me ponía más triste que nunca, porque sabía que

todo caso, el profesor Beltrán recuerda que en su colegio
había misa diaria y valora mucho que le hicieran hablar y
leer en francés durante todas las horas de la comida, gracias
a lo cual, y además del catalán y el castellano, que eran sus
lenguas maternas, pudo desde pequeño añadir el francés a
su repertorio lingüístico.

Lo que con toda seguridad aún no sabría el joven Lucas
Beltrán es que, muy poco antes de ingresar en su primer
colegio de Benicarló, una de las personas que más influencia
habría de tener en su vida, el político catalán Francesc Cambó i Batlle (1876-1947),[7] había dado un importante golpe de
fortuna al hacerse cargo de la fundación y presidencia de la
Compañía Hispano-Americana de Electricidad (C.H.A.D.E.)
en la que además intervino con carácter protagonista una
institución financiera, el Banco Urquijo, que también habría
de tener una importancia determinante en la vida ulterior de

---

era llegada la hora de ir al colegio. La primera vez que hice ese viaje fue
a los ocho años ... De Monóvar a Yecla hay seis u ocho horas: salíamos al
romper el alba; llegábamos a prima tarde ... Y entonces se apoderaba de mí
una angustia indecible; sentía como si me hubieran arrancado de pronto
de un paraíso delicioso y me sepultaran en una caverna lóbrega.» Azorín,
Las confesiones de un pequeño filósofo, Espasa Calpe, Madrid 1968, pp. 29-30.

[7] La biografía definitiva sobre Cambó y su influencia como líder
de la *LLiga Regionalista* (después *Catalana*) es la de Jesús Pabón titulada
Cambó, 3 vols., Volumen I, 1876-1918, Volumen II, Parte I, 1918-1930, y
Volumen II, Parte II, 1931-1947, Editorial Alpha, Barcelona, 1952 y 1969,
respectivamente. Sobre las ideas políticas de Cambó puede consultarse,
por ejemplo, su libro *Por la concordia*, con una «Introducción» de Pedro Laín
Entralgo, Alianza Editorial y Enciclopedia Catalana, Barcelona 1986, así
como el artículo de Lucas Beltrán que obtuvo el Premio Aznar titulado
«Seis nombres para una visión de Cataluña», publicado el 2 de septiembre
de 1976 en *La Vanguardia Española* de Barcelona (p. 15). Don Lucas me ha
descrito a Cambó como el «típico político pragmático, poco liberal y muy
intervencionista».

don Lucas. Ya al finalizar la Primera Guerra Mundial, Cambó se había convertido en uno de los políticos más conocidos de España. Al constituirse el gobierno nacional presidido por Maura el 21 de marzo de 1918, se hizo cargo de la cartera de Fomento, que desempeñó de manera muy activa e intervencionista a lo largo de un corto periodo de ocho meses; y pocos años después, en julio de 1921, se hizo cargo, en otro gobierno presidido también por Maura, de la cartera de Hacienda, desde donde impulsó la promulgación de la Ley de Ordenación Bancaria de 28 de diciembre de 1921[8] (que acabó con lo que quedaba de libertad bancaria en nuestro país) y del arancel de 12 de febrero de 1922, de corte muy proteccionista, influyendo también de forma determinante en la elaboración de la vigente Ley de Suspensión de Pagos de 26 de julio de 1922.[9]

---

[8] Sobre la influencia de Cambó en la economía española, puede verse, entre otros, el interesante trabajo de José Luis García Delgado «La banca privada: de la crisis colonial a la consolidación de los años veinte», cap. VI de *Los comienzos del siglo XX: la población, la economía, la sociedad (1898-1931),* tomo. XXXVII , *Historia de España (Ramón Menéndez Pidal)*, Espasa Calpe, Madrid 1992, especialmente las pp. 164-170.

[9] El profesor Francisco Cabrillo explica de la siguiente forma los «entresijos» del proceso de elaboración de esta ley por parte del ministro de Gracia y Justicia Beltrán y Musitu, que anteriormente había sido subsecretario de Hacienda con Cambó: «Se trataba de echar una mano al Banco de Barcelona que estaba a comienzos de los años veinte en quiebra. Por ello se preparó una ley que ofrecía una buena protección a los administradores de la empresa en crisis. Y por ello también los legisladores creyeron que esta norma tendría corta duración y sería derogada una vez desaparecido el problema que había dado origen a su promulgación. De hecho, la propia ley facultaba al Gobierno para suspender sus efectos pasados cuatro años de vigencia. Pero lo provisional pasó a ser definitivo y la ley ha cumplido ya con creces los setenta años.» Francisco Cabrillo, «La inexcusable reforma del derecho concursal», *Gaceta de los Negocios*, Madrid, 28 de marzo de 1996, p. 3.

El detonante de la operación financiera que habría de culminar con la fundación de la C.H.A.D.E. y en la que se encuentra el origen de la fortuna de Cambó, una de las más importantes en la España de su época, fue una observación efectuada por un economista inglés, John Maynard Keynes, que a la sazón estaba adquiriendo un cierto renombre internacional, gracias a la publicación de su obra *The Economic Consequences of Peace* en 1919.[10] En este libro Keynes efectúa un análisis crítico de las consecuencias del Tratado de Versalles que se había firmado poco antes, el 28 de julio de 1919, y en el que se establecían y regulaban, entre otros aspectos, las reparaciones económicas que habrían de pagar los vencidos en la Primera Guerra Mundial. Pues bien, una interpretación maximalista sobre el contenido del artículo 235 de este Tratado efectuada por Keynes en su libro[11] (quizá con el objetivo

---

[10] John Maynard Keynes, *The Economic Consequences of Peace*, Macmillan, Londres 1919. Las vicisitudes de la preparación y publicación de este libro, del que en pocos meses se llegaron a vender en todo el mundo más de cien mil ejemplares, pueden leerse en Robert Skidelsky, *John Maynard Keynes: Hopes Betrayed 1883-1930*, Macmillan, Londres 1983, pp. 376-402.

[11] Las palabras escritas por Keynes sobre el artículo 235 del Tratado de Versalles fueron las siguientes: «Esta disposición tiene por efecto confiar a la Comisión de reparaciones, durante el periodo en cuestión, poderes dictatoriales sobre la propiedad alemana de todas clases. Pueden, según este artículo, señalar cualquier negocio especial, empresa o propiedad, bien dentro o fuera de Alemania, y pedir su entrega, y su autoridad aparecerá extendida, no sólo a la propiedad existente en la fecha de la Paz, sino también a toda aquella que pueda ser creada o adquirida en cualquier tiempo en el transcurso de los primeros dieciocho meses. *Por ejemplo, pueden escoger -como es de presumir que lo hagan cuando se organicen- la magnífica y poderosa empresa alemana de Sud-América conocida como la Deutsche Überseeische Elektrizitäts Gesellschaft (D.U.E.G.) y disponer de ella en servicio de los intereses aliados.* La cláusula es inequívoca y todo lo comprende. Es digno de notarse, de pasada, que introduce un principio completamente nuevo en la recaudación de indemnizaciones. Hasta aquí se fijaba una suma, y la nación multada

de ilustrar y dramatizar el argumento esencial del mismo) motivó que los intereses industriales y comerciales alemanes fuera de Europa se movilizaran de inmediato para evitar que sus empresas fueran expropiadas por los vencedores. De entre las empresas alemanas situadas en el extranjero Keynes citó expresamente a la *Deutsche Überseeische Elektrizitäts Gesellschaft*, más conocida por su acrónimo D.U.E.G., y que había impulsado y era la dueña de la compañía eléctrica de Buenos Aires y sus alrededores, además de disponer de importantes intereses eléctricos en otras partes de Hispanoamérica (Chile y Uruguay). No es de extrañar, por tanto, que los hombres de la D.U.E.G., encabezados por su representante más importante, Walther Rathenau, ingeniero, escritor y político, e hijo del fundador de la A.E.G. alemana, decidieran constituir a toda prisa una nueva sociedad aportando para ello sus activos en Hispanoamérica y domiciliándola en alguno de los países neutrales, cuya selección había quedado reducida a tres naciones: Holanda, Suiza y España. Una serie de casualidades y circunstancias, alguna de ellas sorprendentes, entre las que destaca el asesoramiento de la sociedad belga SOFINA, accionista de la D.U.E.G., y de su representante Heineman, que conocía y había tratado profesionalmente a Cambó, hizo que al final España fuera la nación seleccionada,

---

quedaba libre para buscar y escoger los medios de pago, pero en este caso los acreedores pueden, durante cierto periodo, no sólo pedir cierta suma, sino especificar la clase especial de propiedad en la que se ha de efectuar el pago. Así es que los poderes de la Comisión de reparaciones pueden ser utilizados tanto para destruir la organización económica y comercial de Alemania como para exigir pagos» (las cursivas son mías). John Maynard Keynes, *Las consecuencias económicas de la Paz*, Editorial Albatros, Buenos Aires 1978, pp. 70-71 (existe otra edición española publicada por Edit. Crítica, Barcelona 1977).

no sólo por haber sido un país neutral durante la guerra y haber disfrutado de una moneda relativamente libre de fluctuaciones, sino, sobre todo, por los lazos étnicos y culturales que Argentina y los demás países de Hispanoamérica habían venido manteniendo con nuestra nación. De esta manera, y tras una serie de precipitados viajes de Cambó a Berlín, se funda la C.H.A.D.E. el 22 de junio de 1920 con un capital de 120 millones de pesetas, del cual la mitad, 60 millones, correspondía a acciones entregadas en canje de las antiguas acciones de la D.U.E.G. alemana y la otra mitad, 60 millones, fueron suscritas por los socios españoles encabezados por Cambó y una serie de bancos, entre los cuales destacaba el Banco Urquijo (representado por D. Juan Manuel y D. Luis de Urquijo). El ascenso a la presidencia de la C.H.A.D.E. y el extraordinario desarrollo de la comarca de Buenos Aires durante las décadas de los años veinte y treinta hizo súbitamente rico a Cambó y permitió que éste a partir de entonces desarrollara diversas actividades culturales y filantrópicas (como la constitución de la *Fundaciò Bernat Metge*), creara su magnífico archivo y biblioteca, y estableciera definitivamente su conocido despacho de la Vía Layetana, 30 en el que, poco más de diez años después, entraría a trabajar como secretario particular de Cambó el profesor Lucas Beltrán.[12]

Pero volvamos a la educación de nuestro biografiado que, tras terminar el curso en Benicarló y pasar las vacaciones

---

[12] Las vicisitudes de la fundación de la C.H.A.D.E. y el papel que Cambó jugó en la misma pueden consultarse en Jesús Pabón, *Cambó*, Volumen II, Parte I, 1918-1930, ob. cit., pp. 215-226. El profesor Lucas Beltrán, por su parte, me ha confirmado que la operación de la C.H.A.D.E. fue en realidad la única importante en la que Cambó ganó dinero y que le salió tan bien que no necesitó volver a preocuparse de problemas económicos a partir de entonces.

veraniegas en Tarragona, ingresó de nuevo interno, esta vez en el *Colegio de San José* que los jesuitas tenían en la ciudad de Valencia. Aquí, don Lucas estudió durante cuatro cursos académicos, sobresaliendo en todo momento por su aplicación y grandes dotes para el estudio. De hecho, recuerda con orgullo el profesor Lucas Beltrán que «fue emperador», es decir, el primero de su clase, durante los doce trimestres que cursó en este colegio.[13] En todo caso, los cuatro años con los jesuitas de Valencia fueron los del despegue intelectual y de la formación de los hábitos de estudio de nuestro biografiado

---

[13] Don Lucas se levantaba todos los días a las 6:20 de la mañana y dedicaba la mayor parte del tiempo al estudio. En cuanto a la ceremonia de entrega de premios «promulgación de dignidades», consistía en un acto al que asistían los padres y en el que el primero de la clase a lo largo del trimestre recibía la «corona del emperador». Esta forma tradicional de los jesuitas de incentivar el esfuerzo académico no dejaría de influir en otros importantes intelectuales de nuestro país, y en concreto en Ramón Pérez de Ayala y en José Ortega y Gasset. En efecto, debe consultarse el famoso artículo de este último «Al margen del libro 'A.M.D.G.'», publicado en José Ortega y Gasset, *Obras completas*, Tomo I (1902-1916), Revista de Occidente, Madrid, 1ª edición 1946, pp. 532-535. En este artículo, Ortega y Gasset, comentando el libro de Ramón Pérez de Ayala *Ad Majorem Dei gloriam: la vida en los colegios de jesuitas*, señala cómo «Ayala fue *emperador* en las clases del colegio de Gijón: yo también fui *emperador* en el colegio que los jesuitas mantienen en Miraflores del Palo junto a Málaga... Lector, yo he sido durante seis años emperador dentro de una gota de luz, en un imperio más azul y esplendoroso que la tierra de los mandarines.» La recensión de Ortega y Gasset llega a la durísima conclusión de que «sólo hay un olvido, en mi opinión, de suma gravedad: no haber hecho constar de una manera taxativa que el vicio radical de los jesuitas, y especialmente de los jesuitas españoles, no consiste en el maquiavelismo, ni en la codicia, ni en la soberbia, sino lisa y llanamente en la ignorancia» (ob. cit., p. 535). El profesor Lucas Beltrán me ha manifestado personalmente que no comparte, en forma alguna, esta dura opinión de Ortega y Gasset y que, por el contrario, conserva muy buenos recuerdos del trato y la formación recibidos de sus profesores jesuitas tanto en Valencia como en Barcelona.

que, en cierta medida, contrastaban con la diferente actitud de su hermano menor, Ricardo, que le acompañó al colegio valenciano, y cuya forma de ser era mucho más jovial y menos responsable. Después de los cuatro cursos académicos completos en Valencia, la familia de Lucas Beltrán decide trasladarse a Barcelona. La razón principal de esta decisión era facilitar la formación educativa de los cinco hijos del matrimonio en una ciudad que, como Barcelona, aparte de más cosmopolita, disponía de mejores centros de formación. El colegio que esta vez eligen los padres de don Lucas para sus hijos es también jesuita: el prestigioso *Colegio del Sagrado Corazón* de la calle Caspe, en donde don Lucas cursó los dos últimos años que le quedaban de vida colegial. Aunque siguió siendo buen estudiante, en comparación con las del colegio de Valencia, sus notas fueron relativamente algo peores, si bien la mayor parte de sus calificaciones eran sobresalientes y notables. Además, en esos cursos ya no se premiaba con la «corona de emperador» y asistía al colegio como medio pensionista.

Es en sus años de colegial en Barcelona cuando don Lucas empieza a recibir sus primeras clases de inglés, primero en el colegio con los jesuitas y, más tarde, con profesores particulares. De esta manera don Lucas añadió una cuarta lengua, el inglés, a su ya amplio repertorio, idioma que habría de serle extremadamente útil pocos años después, durante su estancia en la *London School of Economics* y, en general, y teniendo en cuenta que el inglés es la lengua internacional de la Ciencia Económica, durante toda su carrera posterior como profesor de Economía.[14]

---

[14] En 1923, cuando don Lucas contaba doce años de edad, se instaura en España la dictadura del General Primo de Rivera, que suspendió la

LUCAS BELTRÁN

II
ESTUDIOS UNIVERSITARIOS Y ESTANCIA
EN LA *LONDON SCHOOL OF ECONOMICS*
(1927 1932)

En octubre de 1927, don Lucas comienza la carrera de Derecho. Está claro que no siguió los pasos de su padre y que no tenía vocación para médico. Por el contrario, pudo más la influencia de su abuelo materno, el magistrado oriundo de Oviedo, y decidió ingresar en la Facultad de Derecho de la Universidad de Barcelona, cuya licenciatura (de cinco cursos académicos) termina de forma acelerada en tan sólo cuatro años. Los profesores más notables que mejor recuerda don Lucas fueron Blas Pérez González, catedrático de Derecho Civil, que después sería Director General de Policía y Ministro de la Gobernación con el General Franco; José María Trías de Bes, catedrático de Derecho Internacional, y figura importante de la *Lliga* (llegó a ser albacea de Cambó); Eugenio Cuello Calón, catedrático de Derecho Penal; Galo Sánchez, en Historia del Derecho Español; y, por último, y en relación con las asignaturas de Economía Política y Elementos de Hacienda Pública, el profesor Jaime Algarra Postius.[15]

Mancomunidad de Cataluña y ejerció una actividad expansionista en lo económico muy acorde con las alegrías inflacionarias que fueron propias de los «felices» años veinte en el resto del mundo occidental y que habrían de generar los graves desajustes que desembocaron en la Gran Depresión de 1929. El régimen de Primo de Rivera duró hasta 1930, es decir, hasta que el profesor Lucas Beltrán cumplió los 19 años de edad y ya se encontraba estudiando en la Universidad.

[15] Sobre Jaime Algarra, Lucas Beltrán escribió, con carácter anónimo y con motivo de su fallecimiento en 1948, una nota necrológica, que fue publicada en *Moneda y crédito*, nº 25, junio de 1948, pp. 74-75.

24

El profesor Algarra había nacido en Barcelona en el año 1880, licenciándose en Derecho en 1905. Tras obtener en 1912 la cátedra de Economía Política y Hacienda Pública de la Universidad de Zaragoza,[16] en 1914 Algarra pasó a desempeñar interinamente la cátedra de Economía y Hacienda de la Universidad de Barcelona cuyo titular, Antonio Flores de Lemus,[17] su antiguo maestro, había dejado vacante al trasladarse también interinamente a Madrid. Cuando en 1920 este traslado se convierte en definitivo, el profesor Algarra pudo ocupar en plena propiedad la cátedra de Barcelona. Además, el profesor Algarra ejerció con gran fortuna la profesión de abogado, acumulando un importante patrimonio. Don Lucas recuerda, como anécdota curiosa, que Algarra siempre firmaba como opositor todas las cátedras que se convocaban oficialmente en España con la finalidad de evitar ser seleccionado como miembro de algún tribunal y ahorrarse así las presiones, inconvenientes y sinsabores que son típicos de esta clase de destinos. Aunque Algarra, junto con José María Tallada, del que luego hablaremos, fue una de las primeras personas con las que el profesor Lucas Beltrán habló de economía, retrospectivamente no conserva nuestro biografiado un buen recuerdo sobre el nivel científico del que fue su primer maestro en nuestra disciplina.

---

[16] Al paso de Algarra por la asignatura de Economía Política en la Facultad de Derecho de la Universidad de Zaragoza se ha referido recientemente Enrique Fuentes Quintana en su discurso de recepción del Doctorado *Honoris Causa* por la citada Universidad. Véase Enrique Fuentes Quintana, *El modelo de economía abierta y el modelo castizo en el desarrollo económico de la España de los años noventa,* Prensas Universitarias de Zaragoza, Zaragoza 1995, p. 17.

[17] Sobre Antonio Flores de Lemus puede consultarse, por ejemplo, el interesante trabajo de Juan Velarde, «Flores de Lemus: una revisión», publicado como cap. 2 en el libro *Economistas españoles contemporáneos: primeros maestros*, Espasa Calpe, Madrid 1990, pp. 63-110.

Quizá esto se deba a que Jaime de Algarra, como discípulo de Flores de Lemus, no fue más que un divulgador de las posiciones de la Escuela Histórica Alemana que, en general, y a través de los distintos catedráticos españoles que fueron a estudiar a Alemania, dominó los ambientes académicos de la economía de nuestro país durante las primeras décadas del siglo XX. A su vez, el nivel científico de la Economía Política en Alemania dejaba entonces mucho que desear. Esto se debió, sobre todo, al dominio que los «socialistas de cátedra» (*Kathedersozialisten*), encabezados por Gustav Schmoller, Lujo Brentano, Karl Bücher, Adolf Held, G.F. Knapp y sus discípulos, mantenían sobre casi todas las cátedras de Alemania en régimen fáctico de monopolio. Estos tratadistas, a raíz de la discusión sobre el método que mantuvieron a lo largo de las dos últimas décadas del siglo XIX con los teóricos de la Escuela Austriaca encabezados por Carl Menger, llevaron su animosidad contra la Teoría Económica «hasta el extremo de declarar públicamente que los partidarios de la escuela abstracta (austriaca) no estaban capacitados para enseñar en las universidades alemanas y aquella declaración supuso la exclusión de todos los partidarios de las teorías de Menger de los puestos económicos académicos de Alemania. Todavía treinta años después de finalizada la controversia, Alemania seguía siendo, por tanto, entre todas las naciones importantes del mundo, la menos influenciada por las nuevas ideas de la teoría económica ya triunfantes por doquier.»[18]

---

[18] F.A. Hayek, «Carl Menger (1840-1921)», cap. II de *Las vicisitudes del liberalismo: ensayos sobre economía austriaca y el ideal de la libertad*, vol. IV de sus Obras Completas, Unión Editorial, Madrid 1996, p. 88. También muy recientemente, entre nosotros, el profesor Felipe Ruiz Martín se ha referido a las deficiencias teóricas de la Economía Política en Alemania, cuyos cultivadores habían reducido o limitado voluntariamente su activi-

Otro profesor que influyó notablemente en la vocación económica de Lucas Beltrán fue José María Tallada, personalidad relevante de la política barcelonesa que en 1934 llegó a ser catedrático de Economía en la Universidad Autónoma de Barcelona. A pesar de su formación como ingeniero, Tallada tenía una gran afición al análisis de los problemas económicos, así como grandes conocimientos prácticos que derivaban de su actividad profesional como gerente importante del Banco de Vizcaya en Cataluña. Tallada, además, era de Tortosa y pronto llegaría a ser uno de los mejores amigos y mentores de Lucas Beltrán.

También durante sus estudios universitarios, Lucas Beltrán conoce a otro estudiante, un año mayor que él y que se convertiría en uno de sus mejores amigos: Joan Sardà Dexeus (1910-1995).[19] La importancia de Sardá en el pensamiento económico español y, sobre todo, en la política económica española ha sido grande y hay que resaltar el gran paralelismo existente entre las vidas y obras de Juan Sardá y Lucas Beltrán. Ambos estudiaron a la vez Derecho en la Universidad de Barcelona. Los dos fueron becados para estudiar fuera de

---

dad a «lo empírico, lo constatable, lo acontecido, por resolución adoptada tácticamente por Schmoller cuyo influjo era decisivo». Felipe Ruiz Martín, «Necrología de D. José Antonio Rubio Sacristán (1903-1995)», *Boletín de la Real Academia de la Historia*, sept. - dic. 1995, p. 361.

[19] Sobre la vida y obra de Sardá, disponemos de una magnífica tesis doctoral que ha sido escrita por la profesora Carmen Martínez Vela, cuyo título es *Aportaciones de Juan Sardá a la economía española* (manuscrito pendiente de publicación). Esta tesis fue realizada bajo la dirección del profesor Juan Velarde Fuertes y la tutoría del propio Lucas Beltrán. Una recopilación de los escritos más importantes de Juan Sardá se encuentra en el libro *Juan Sardá Dexeus, Escritos 1948-1980*, edición de Raimundo Ortega Fernández e introducción de Enrique Fuentes Quintana, Editorial del Banco de España, Madrid 1987.

nuestro país, uno en la London School of Economics (Lucas Beltrán) y otro en Munich (Juan Sardá). Se hicieron muy amigos y compartían la misma vocación por el estudio de los problemas económicos. Tuvieron una carrera académica y profesional muy parecida, terminando como asesores de importantes bancos (Sardá del Banco Central de Venezuela primero y del Banco de España después, y Lucas Beltrán del Banco Urquijo en Madrid). Y ambos tuvieron una importante influencia sobre la política económica de nuestra nación, Sardá como inspirador del Plan de Estabilización de 1959 y Lucas Beltrán, más tarde, colaborando intensamente como Secretario General del Plan de Desarrollo. Por último, ambos coronaron su actividad docente en las cátedras de Economía Política más prestigiosas del país (Lucas Beltrán en Madrid y Sardá en Barcelona), adoptando los dos una postura muy favorable a la economía de mercado (más intensamente liberal, si cabe, la de Lucas Beltrán).

Lucas Beltrán terminó su licenciatura en Derecho dos meses después del advenimiento de la Segunda República el 14 de abril de 1931. Gracias a su brillante expediente académico, consigue una beca para ampliar estudios de Economía Política en el extranjero. Primeramente pensó en ir a Cambridge, pero su amigo Xavier Ribó, conocido periodista autodidacta y gran amigo de su familia, le recomendó que fuera a la London School of Economics, en donde don Lucas pasó un curso académico completo, desde octubre de 1931 a junio de 1932. La beca que obtuvo de la Universidad de Barcelona ascendía a tres mil pesetas, y junto con las cinco mil que, con carácter adicional, le facilitó a don Lucas su padre,[20] fue suficiente

---

[20] Como anécdota que ayuda a comprender el funcionamiento de los flujos financieros y pagos internacionales de la época, es de resaltar que

para pagar los gastos de matrícula y de estancia en Londres «viviendo estoicamente». Don Lucas recuerda los emocionantes sentimientos de este su primer viaje fuera de España a través de Francia, viajando en tren hasta París y luego de ahí a Calais, pasando en barco el Estrecho hasta llegar a Southampton, y de ahí, de nuevo en tren hasta Londres. Al llegar a su destino fue recibido por un conocido inglés, Bernard Lucas, alojándose primeramente en una pensión del Club Masónico, para pasar después al Hamden Residential Club.

¿Cuál era el ambiente intelectual de la London School of Economics durante el año en que allí cursó don Lucas? Puede afirmarse, sin caer en la exageración, que nuestro flamante recién licenciado llegó al centro académico en el que se desarrollaba de forma más intensa y apasionada la Ciencia Económica de la época. Hay que recordar que la London School of Economics, fundada en 1885 por los hermanos Sidney y Beatrice Webb, ya se había convertido desde varios años antes en un centro de alto prestigio, que competía con Cambridge por hacerse con el liderazgo en el ámbito de la enseñanza e investigación de la teoría económica.[21] El haber alcanzado esta situación de predominio era en gran medida mérito del profesor Edwin Cannan (1861-1935), titular de la cátedra de Teoría Económica en la London School of Economics desde

---

gran parte de los envíos de dinero que don Lucas recibió de su familia se efectuaban a través de un exportador de naranjas amigo de su padre, que por compensación encargó a sus clientes ingleses que pagaran parte de sus deudas entregando libras al joven Lucas Beltrán, cuyo contravalor en pesetas era después pagado en España directamente por su padre al mencionado exportador.

[21] La creciente rivalidad entre Cambridge y la London School of Economics es detalladamente comentada por Ralf Dahrendorf en su obra *A History of the London School of Economics and Political Science, 1895-1995*, Oxford University Press, Oxford 1995, especialmente pp. 210 ss.

1907 a 1926. Cannan supo imprimir frente a Cambridge una clara esencia diferencial en cuanto a la concepción y aplicación de la Economía, posteriormente seguida y reforzada por su continuador Lionel Robbins (más tarde Lord Robbins of Clare Market), que ejerció la cátedra dejada vacante por Cannan desde la joven edad de 30 años en 1929 hasta 1961. Robbins era, además, uno de los pocos economistas ingleses que podía leer y hablar en alemán y había sido invitado y asistido en diversas ocasiones a los seminarios que Ludwig von Mises mantenía en Viena desde finales de la Primera Guerra Mundial. La influencia de Mises en Robbins es patente,[22] sobre todo en su obra clásica sobre metodología, que se publicó precisamente el año que Lucas Beltrán cursaba en la London School of Economics, con el título de *An Essay on the Nature and Significance of Economic Science*.[23] Es más, el propio Robbins fue profesor de don Lucas en dos asignaturas: una, sobre «General Principles of Economic Analysis», que consistió en 28 clases magistrales que comenzaban el 10 de octubre y que constituían, por así decirlo, el núcleo básico de las enseñanzas de teoría económica que se requería en la London School of

---

[22] El propio Robbins reconoce la profunda influencia que en él ejerció Mises con las siguientes palabras: «I cannot leave this theme without expressing further indebtedness to von Mises, both for what I have learnt from his writings and for many days of pleasant and entertaining companionship in Austria and Geneva.» Lord Robbins, *Autobiography of an Economist*, Macmillan & St. Martin Press, Londres 1971, p. 107.

[23] La obra apareció en febrero de 1932, es decir, durante el segundo trimestre que don Lucas estudiaba en Londres, y fue publicada por Macmillan (edición española de Daniel Cossío Villegas, *Ensayo sobre la naturaleza y significación de la ciencia económica*, Fondo de Cultura Económica, México 1944). En el prefacio de este libro, Robbins expresamente dice que «I should like once more to acknowledge my special indebtedness to the works of Profesor Ludwig von Mises», ob. cit., pp. xv -xvi.

Economics;[24] y otra sobre metodología titulada «Disputed Problems in the Methodology of Economics», en la que en forma de seminario se estudiaban, no sólo el recién aparecido libro de Robbins ya citado, sino además las aportaciones más importantes de Menger, Mises y Keynes sobre metodología de la economía.[25] A partir de entonces don Lucas fue cultivando una estrecha relación personal con Lionel Robbins, que se convirtió en gran amistad cuando éste –tras la Segunda Guerra Mundial– comenzó a visitar a menudo nuestro país y don Lucas fue hecho miembro de la Mont Pèlerin Society, de la que Robbins también era, junto con Hayek, uno de sus miembros-fundadores más prominentes.

Más importante aún es señalar que el curso 1931-1932 fue el primero en el que Friedrich A. Hayek impartió sus enseñanzas en la London School of Economics como titular de la cátedra Tooke de Ciencia Económica y Estadística. De esta forma, y sin ser consciente de ello, don Lucas llegó a la London School of Economics precisamente en un año clave en la historia del pensamiento económico: aquel en el que Hayek publicó *Prices and Production*[26] y se inició el encendido

---

[24] El programa detallado de esta asignatura, correspondiente al curso de 1934-1935, puede encontrarse en las pp. 31 y 32 del interesante libro de Brian McCormick, *Hayek and the Keynesian Avalanche*, Harvester Wheatsheaf, Londres 1992. Como dato anecdótico hay que indicar que los costes de matrícula de esta asignatura ascendían a cuatro libras y cuatro chelines.

[25] El coste de este seminario era de 10 chelines, y su programa y bibliografía recomendada pueden de nuevo consultarse en la p. 33 del libro de Brian McCormick ya citado.

[26] Este importantísimo libro de Hayek fue publicado en septiembre de 1931 y acababa de salir cuando Lucas Beltrán llegó a la London School of Economics, siendo la más importante de las novedades bibliográficas que existían en las estanterías de la librería de la Facultad. El libro estaba prologado por el propio Robbins y fue publicado por Routledge (traducción

debate teórico entre Hayek y Keynes.[27] En efecto, en el número de agosto de 1931 de *Economica*, revista de economía de la London School of Economics, aparece la primera parte de la devastadora crítica de Hayek al *Treatise on Money* de John Maynard Keynes, que había aparecido el año anterior.[28] Keynes contestó a Hayek en el número de noviembre 1931, es decir, cuando ya Lucas Beltrán estaba en la London School of Economics, con un artículo titulado «The Pure Theory of

---

española de Carlos Rodríguez Braun: *Precios y Producción*, Prólogo de José Luis Feito, Ediciones Aosta/Unión Editorial 1996).

[27] Este debate supuso el inicio de una de las cuatro grandes polémicas en que se han visto implicados los miembros de la Escuela Austriaca. Las otras tres polémicas son, cronológicamente, el *Methodenstreit*, que mantuvo Menger con la escuela historicista alemana en el siglo XIX; en segundo lugar, la polémica sobre el concepto de capital y la teoría del interés que mantuvieron Böhm-Bawerk con J.B. Clark en un primer momento, y Mises, Hayek y Machlup con Frank H. Knight y la Escuela de Chicago después; y la tercera es la conocida controversia sobre la imposibilidad del cálculo económico socialista iniciada por Mises en 1920 (véase Jesús Huerta de Soto, *Socialismo, cálculo económico y función empresarial*, Unión Editorial, Madrid 1992). La evolución de los acontecimientos históricos (caída del socialismo real) y del pensamiento económico (crisis de la teoría keynesiana y, en general, de la macroeconomía) están evidenciando cómo los teóricos austriacos llevaron la razón en estas cuatro controversias doctrinales.

[28] John Maynard Keynes, *A Treatise on Money*, 2 vols., Macmillan, Londres 1930. El *Treatise* de Keynes supuso una lamentable regresión respecto a lo que hasta entonces ya se había elaborado sobre teoría monetaria en el Continente, especialmente gracias al clásico tratado sobre el dinero y el crédito de Ludwig von Mises, *Theorie des Geldes und der Umlaufsmittel*, Duncker & Humblot, Munich y Leipzig 1912 (2.ª edición de 1924). El propio Keynes confesó en el *Treatise* que sus escasos conocimientos de alemán le habían impedido enterarse como debía del contenido del libro de Mises al afirmar que «in German I can only clearly understand what I already know -son that new ideas are apt to be veiled from me by the difficulties of the language.» John Maynard Keynes, *A Treatise on Money*, Macmillan, Londres 1930, vol. I, p. 199, nota 2 (traducción española de José Antonio de Aguirre: *Tratado sobre el dinero*, Ediciones Aosta, Madrid 1996).

Money: A Reply to Dr. Hayek». En esta réplica Keynes, falto en gran medida de argumentos, en vez de tratar de defenderse y de contestar los razonamientos teóricos de Hayek y violando las más elementales normas de la cortesía académica, emprendió un furibundo ataque a *Precios y producción* que, hasta entonces, no había sido objeto de debate. En el mismo número de *Economica* Hayek contesta sobria y brevemente a Keynes, continuando impertérrito con la segunda parte de su extensa crítica teórica al *Treatise on Money* en el artículo «Reflections on The Pure Theory of Money of Mr. J.M. Keynes (continued)», que aparecería en las páginas 22 a 44 del número de febrero de 1932 de *Economica*.[29]

Hoy sabemos que Hayek llevaba la razón en su polémica con Keynes, Hawtrey y el resto de los monetaristas y keynesianos seguidores de la Escuela de Cambridge. La razón de

---

[29] Muy recientemente, se ha editado de nuevo toda esta polémica en el vol. IX de las Obras Completas de Hayek: *Contra Keynes y Cambridge. Ensayos, Correspondencia*, Unión Editorial, Madrid 1996. Este libro incorpora igualmente la crítica que Piero Sraffa hizo a Hayek en el artículo «Doctor Hayek on Money and Capital» (*Economic Journal*, vol. 42, marzo de 1932, pp. 42-53) y la correspondiente contestación de Hayek, aparecida en el número de julio de 1932 del *Economic Journal* con el título de «Money and Capital: A Reply». Se ha discutido mucho sobre las diferencias existentes entre el *Treatise on Money* de Keynes y su *Teoría general*. En nuestra opinión, éstas son mucho menores de lo que se piensa, de forma que el enfoque más monetarista del *Treatise* y el más «keynesiano» de la *Teoría general* participan, básicamente, de los mismos errores conceptuales por su enfoque macroeconómico y su carencia de una verdadera teoría microeconómica del capital. Curiosamente, Keynes era de esta misma opinión, manifestando en una carta que escribió a don Lucas Beltrán el 29 de noviembre de 1934 que, en realidad, en ambas obras, «under the surface, however, the essential ideas are the same». Esta carta está reproducida en la p. 180 del importante libro de José Antonio de Aguirre, *El poder de emitir dinero: de J. Law a J.M. Keynes*, Unión Editorial, Madrid 1985.

la disparidad de criterios entre unos y otros radicaba en que Hayek había venido de Austria dotado de un instrumental analítico muy superior al que entonces imperaba en Inglaterra, y en concreto disponía de una teoría microeconómica sobre los efectos que la expansión crediticia y monetaria tiene sobre la estructura productiva real de la economía que le permitió predecir y explicar el advenimiento de la Gran Depresión como resultado de los desmanes monetarios y crediticios cometidos de los «felices años veinte».[30] En suma, Hayek había logrado articular mejor que nadie por qué carecían de sentido las burdas doctrinas del subconsumo que se pretendía resucitar fundamentándolas en el análisis de la supuesta «paradoja del ahorro o frugalidad»,[31] y que tanta mella hicieron en autores

---

[30] Véase Mark Skousen, «Who Predicted the 1929 Crash?», en *The Meaning of Ludwig von Mises*, Jeffrey M. Herbener (ed.), Kluwer Academic Publishers, Amsterdam 1993, pp. 247-284. También Lionel Robbins, en su Introducción a la primera edición de *Prices and Production* de F.A. Hayek (Routledge, Londres 1931, p.xii) se hizo eco de la predicción efectuada por Mises y Hayek del inexorable advenimiento de la Gran Depresión, que apareció expresamente en un artículo de Hayek publicado en 1929 en *Monatserichte des Österreichischen Instituts für Konjunkturforchung*. Esta predicción contrasta con el irresponsable optimismo de Keynes y los monetaristas (Fisher, etc.) que incluso pocos meses antes del *crash* aún afirmaban públicamente que el «auge» económico de los años veinte y la euforia bursátil se mantendrían indefinidamente. El mejor estudio histórico sobre las causas de la Gran Depresión es, por el lado americano, el de Murray N. Rothbard, *America's Great Depression*, Sheed & Ward, Kansas City, 3.ª edición 1975; y, por el lado inglés, el de Lionel Robbins, *The Great Depression*, Macmillan, Londres 1934.

[31] Corresponde a F.A. Hayek el honor de haber sido el primero en haber demolido detalladamente la supuesta «paradoja del ahorro» en su artículo «Gibt es einen Widersinn des Sparens», *Zeitschrift für Nationalökonomie*, Bd. I, Heft III, 1929; publicado en inglés con el título de «The 'Paradox' of Saving», *Economica*, mayo de 1931, reeditado en *Profits, Interest and Investment*, Routledge, Londres 1939 y Augustus M. Kelley, Nueva York 1975,

que, como Keynes, eran de la tradición de Cambridge y carecían de una adecuada teoría del capital que les permitiera entender por qué una disminución de la demanda agregada de bienes de consumo no afecta directamente de forma negativa a *toda* la estructura de bienes de capital y que, por el contrario, la única forma de hacer frente a una reducción en los precios de los bienes de consumo provocada por un aumento del ahorro es tratando de minorar los costes sustituyendo mano de obra por una mayor inversión en bienes de equipo.[32]

---

pp. 199-263 (recogido, como capítulo II en el volumen IX de las Obras Completas de Hayek, cit.). Es curioso resaltar cómo un autor del prestigio de Samuelson ha seguido defendiendo los viejos prejuicios de la teoría del subconsumo y de la «paradoja o dilema del ahorro o frugalidad» en las diferentes y sucesivas ediciones de su popular libro de texto, apoyándose, como es lógico, en los errores de las teorías keynesiana y monetarista. Afortunadamente, en la 14.ª edición del libro de Samuelson las referencias a «la paradoja del ahorro» han sido prudente y silenciosamente eliminadas. El principal error de la teoría de la paradoja del ahorro consiste en ignorar los principios básicos de la teoría del capital y en no concebir la estructura productiva como constituida por una serie de etapas sucesivas, suponiendo erróneamente que tan sólo existen dos etapas, la de la demanda final agregada de consumo y la constituida por un único conjunto de etapas intermedias de inversión, de manera que en el simplificado modelo de «flujo circular de la renta» en que se basa, el efecto negativo sobre el consumo del ahorro se supone equivocadamente que se transmite de forma inmediata y automática a *toda* la inversión. Una explicación crítica detallada de los errores del modelo del «flujo circular de la renta» y de «la paradoja del ahorro» que de él se deriva puede verse en Mark Skousen, *The Structure of Production*, New York University Press, Nueva York 1990, pp. 197-199 y 244-259. Y en especial en todo el capítulo 8 de Jesús Huerta de Soto, *Dinero, crédito bancario y ciclos económicos*, de próxima publicación.

[32] La comprensión de esta idea tan simple es, para Hayek, el verdadero «test» de todo economista: «More than ever it seems to me to be true that the complete apprehension of the doctrine that 'demand of commodities is not demand for labor' is 'the best test of an economist'». F.A. Hayek, *The Pure Theory of Capital*, Routledge, Londres 1976, p. 439. Traducido al

Estos acalorados debates teóricos, que tenían como referente práctico los efectos que la Gran Depresión dejaba sentir sobre las economías de los países occidentales,[33] generaron en don Lucas el suficiente interés intelectual como para decidirle a ser economista el resto de su vida. Por otro lado, hay que recordar que la Gran Depresión se vio agravada en el Reino Unido, sobre todo como resultado de la deflación forzada por la decisión tomada por Winston Churchill el 13 de mayo de 1925, cuando era Canciller del Exchequer, de volver la libra esterlina a la paridad no devaluada que tenía con el oro antes de la Primera Guerra Mundial.[34] Este hecho, además, había

---

castellano por Jaime González-Torres y publicado con el título de *La teoría pura del capital*, Unión Editorial, Madrid 2020, p. 388. Se trata en suma de entender que es perfectamente posible que un empresario gane dinero aunque sus ventas no crezcan o incluso disminuyan si es que reduce sus costes sustituyendo mano de obra por equipo capital (cuya mayor inversión genera puestos de trabajo y hace más intensiva en capital la estructura productiva de la sociedad).

[33] El profesor Lucas Beltrán recuerda lo mucho que le impresionó ver, por primera vez en su vida, a pedigüeños que, en las calles de Londres, le solicitaban ayuda diciendo «I am hungry». Además, en 1931 se produjeron sonadas quiebras bancarias en Europa entre las que destacó la del *Credit-Anstalt* austriaco. Véase, especialmente, Aurel Schubert, *The Credit-Anstalt Crisis of 1931*, Cambridge University Press, Cambridge 1991.

[34] Lo que Churchill hizo, en suma, fue ignorar flagrantemente el consejo dado por Ricardo cuando 100 años antes se produjo una situación muy semejante tras las guerras napoleónicas: «I should never advise a government to restore a currency which had been depreciated 30 per cent to par.» Carta de David Ricardo a John Wheatley, de 18 de septiembre de 1821, *The Works of David Ricardo*, Piero Sraffa (ed.), Cambridge University Press, 1952, vol. IX, p. 73. Para Ludwig von Mises, la decisión de Churchill «fue manifestación de ignorancia supina, tanto en materia económica como en historia monetaria» (*La acción humana*, 5.ª edición, Unión Editorial, Madrid 1995, p. 672). Hayek, por su parte, dice que «to maintain this parity a slow and highly painful process of deflation was initiated, bringing lasting and extensive unemployment, to be abandoned only when it became intole-

dado lugar en España a una interesante polémica manteni-
da entre José Calvo Sotelo, que era partidario de seguir el
ejemplo inglés revaluando la peseta hasta su antigua paridad
y restableciendo de paso el patrón oro, y Francisco Cambó
que, más correctamente, defendía la estabilización de nuestra
divisa a su nivel, aunque erróneamente no llegó a pronunciarse
a favor de la restauración del patrón oro (como es lógico, a
su paridad ya devaluada tras la inflación bélica). Don Lucas
asistió a varios cursos del profesor Hayek que siempre levan-
taban gran interés y expectación entre el alumnado. Nuestro
biografiado recuerda que Hayek, en esos años, era un profesor
un poco frío, pero en ningún caso antipático, que hablaba
con un ligero acento alemán y era considerado en el campo
teórico como la estrella más prometedora de toda la Escuela.[35]

Otro profesor que don Lucas recuerda de su estancia en
Londres con gran cariño fue Theodore Gregory, catedrático
de Banca y Divisas en la Escuela desde 1926, y también teórico muy anti-keynesiano. Como dato anecdótico, don Lucas
recuerda que la opinión científica de Gregory sobre Keynes

---

rable when intensified by the world crisis of 1931, but, I am still inclined
to believe, just at the time when the aim of that painful struggle had been
nearly achieved». F.A.Hayek, *1980s Unemployment and the Unions: The Dis-
tortion of Relative Prices by Monopoly in the Labour Markets*, The Institute of
Economic Affairs, Londres, 2.ª edición 1984, p. 15 (traducción española en
Jesús Huerta de Soto, *Lecturas de Economía Política*, vol. II, Unión Editorial,
Madrid 1987, pp. 53-54).

[35] Las asignaturas que impartía Hayek eran las siguientes: «Principles
of Currency», consistente en 20 sesiones, y cuyos derechos de matrícula
ascendían a 2 libras; «Industrial Fluctuations», de 10 sesiones y con un coste
de matrícula de 1 libra; y también «Theory of Value», consistente en 15
sesiones. El programa específico y la bibliografía recomendada por Hayek
para los alumnos que cursaron estas tres asignaturas pueden consultarse,
respectivamente, en las pp. 45, 46 y 47 del libro de Brian McCormick ya
citado.

era tan baja que, comentando los principios más sencillos y elementales de la Ciencia Económica, solía añadir con sarcasmo que «podrían ser comprendidos incluso hasta por los teóricos de Cambridge».[36]

También influyó profundamente en el profesor Beltrán Frederic Benham (1902-1962), que fue catedrático de Comercio en la Escuela desde el curso de 1930. Don Lucas asistió con gran interés y aprovechamiento a las clases de Benham estudiando detalladamente el libro *Tariffs: The Case Examined*, que había sido elaborado por una comisión de profesores de la London School of Economics encabezada por el propio Benham.[37] Además, pocos años después, Benham escribió un texto de economía cuya traducción española sería utilizada por el profesor Beltrán como libro de texto para sus alumnos de la Universidad de Barcelona en la posguerra española.[38] Otros profesores que enseñaron en la London School of Economics durante el curso 1931-1932 fueron Hugh Dalton, especializado en cuestiones de Hacienda Pública y que era el único socialista del grupo, el joven John R. Hicks, E.F.M. Durbin, J.C. Gilbert, y los jóvenes profesores ayudantes Nicholas Kaldor, Brinley Thomas y R.F. Fowler.

---

[36] La asignatura impartida por Gregory era «Theory of Banking and the Money Market» y sus derechos de matrícula ascendían a 18 chelines. Su programa y la bibliografía recomendada pueden encontrarse en la p. 18 del libro de McCormick ya citado.

[37] En concreto, los autores fueron, aparte de Benham, W.H. Beveridge, A.L. Bowley, T.E. Gregory, J.R. Hicks, W.T. Layton, A. Plant, L.C. Robbins y G.L. Schwartz. El libro fue publicado por Longmans Green en Londres en 1932.

[38] Frederic Benham, *Curso superior de Economía*, Fondo de Cultura Económica, México 1941. Se trata de la versión española de Víctor L. Urquidi del libro de Benham *Economics: A General Text-Book for Students*, cuya primera edición inglesa fue publicada en 1938.

Por último, don Lucas conserva muy gratos recuerdos del profesor Harold Laski (1893-1950), que era catedrático de Ciencia Política y que con el tiempo llegaría a ser presidente del Partido Laborista inglés (1945-1946). Laski impartió ese año un curso sobre «Historia Constitucional de Inglaterra», siendo muy popular entre los estudiantes por lo amenas y divertidas que eran sus clases.[39]

Don Lucas tuvo, por tanto, la enorme oportunidad de realizar sus estudios de posgrado en un centro de gran prestigio en el que desarrollaban su actividad docente e investigadora jóvenes profesores de gran valía, que con el tiempo se consagrarían en nuestra Ciencia como economistas de fama universal, recibiendo varios de ellos (Hayek, Hicks y Coase especialmente) el Premio Nobel de Economía.[40]

Los meses en Londres fueron para don Lucas meses de recogimiento y estudio. La asistencia a las clases, el estudio en la biblioteca y la preparación de trabajos y exámenes prácticamente no le dejaron tiempo para nada. Entre sus escasas distracciones se encontraban las charlas en el «Men's Common Room», la correspondencia con sus padres, a los que escribía religiosamente todas las semanas relatándoles las incidencias de sus estudios, y su regular asistencia todos los domingos a una humilde iglesia católica que estaba próxima a su residencia. Por último, a partir de enero de 1932, don Lucas dejó de ser el único español en la Escuela al incorpo-

---

[39] Hayek, no obstante, afirma que «Harold Laski was a pathological problem. Even among his friends today, they recognize that he was a pathological liar». F.A. Hayek, *Hayek on Hayek: An Autobiographical Dialogue*, Stephen Kresge y Leif Wenar (eds.), Routledge, Londres 1994, p. 82.

[40] Una viva descripción del ambiente académico de la London School of Economics de ese tiempo es la debida a F.A. Hayek, «La economía de los años 30 vista desde Londres», cap. I de *Contra Keynes y Cambridge*, ob. cit..

rarse Julio Tejero que, aunque dos o tres años mayor que él, había decidido asistir los dos últimos trimestres del curso a la London School of Economics. Tejero llegaría posteriormente a ser catedrático de Economía Política en la Universidad de Salamanca y gran amigo de Lucas Beltrán.

III
DE VUELTA A ESPAÑA, EL SECRETARIADO CON CAMBÓ Y LAS PRIMERAS INVESTIGACIONES Y EXPERIENCIAS DOCENTES
(1932-1936)

De vuelta a España en agosto de 1932, don Lucas se plantea qué hacer y cómo orientar su futuro profesional. Tras acariciar la posibilidad de preparar oposiciones a diplomático, finalmente se decide, a instancias de su amigo Xavier Ribó (periodista católico que trabajaba en la Bolsa libre de Barcelona), a ingresar en el prestigioso despacho que Francesc Cambó tenía montado en la Vía Layetana número 30. Es preciso resaltar que en septiembre de 1932, cuando don Lucas ingresa en el despacho de Cambó, éste era ya toda una institución de la vida política, económica y social, tanto catalana como española. Su papel de líder de la *LLiga Catalana*, su sonado paso por los Ministerios de Hacienda y Fomento y, en suma, la importante fortuna que había logrado acumular gracias a la C.H.A.D.E., convertían la posibilidad de trabajar con él en algo muy preciado para todo joven que ambicionara ascender en la escala profesional. En concreto, el trabajo de don Lucas consistía en las funciones propias de un secretario particular combinadas con las de un asesor en

SEMBLANZA DE UN ECONOMISTA

temas económicos. Para don Lucas, Cambó fue siempre muy cordial, interesante y modesto. No sabía muy bien inglés, pero dominaba el francés, el italiano y el portugués. Además, se dejaba asesorar fácilmente, sobre todo en aquellas materias de tipo económico que no conocía.[41] Así, se cuenta la anécdota de que en cierta ocasión Cambó preguntó a un tercero qué había dicho don Lucas en una reunión a la que éste había ido representándole, contestándole su interlocutor: «Pues lo mismo que dices tú»; a lo cual Cambó contestó que sería «en todo caso, que yo digo lo mismo que dice Lucas, puesto que es él el que me hace los papeles en todas las materias económicas». Esta anécdota confirma la creciente confianza que don Lucas fue adquiriendo a los ojos de Cambó, convirtiéndose paulatinamente en un colaborador imprescindible como asesor personal en materias económicas, responsable de su archivo, de elaborar regularmente resúmenes de prensa con las principales noticias nacionales y extranjeras relativas a la economía, y de preparar los informes y análisis que Cambó constantemente solicitaba.

El profesor Beltrán colaboró de esta forma con Francesc Cambó hasta el advenimiento de la Guerra Civil el 18 de julio de 1936. Además, durante este periodo de cuatro años, aparte de sus actividades en la oficina de Cambó, don Lucas

---

[41] Esta imagen de la personalidad de Cambó contrasta fuertemente con la que nos ha dejado José María Sagarra, para el cual «el espectáculo de Cambó, con el medio batín de color canela que vestía, constituido en caja de los truenos desde la mañana a la tarde, convirtiendo a sus secretarios y subordinados... en una especie de pastillas del Doctor Andreu para masticar y escupir en la forma que le viniese en gana, ha sido una de las cosas más saludables y reconfortantes que he presenciado en mis experiencias políticas. Alternando con la vibración tiránica, Cambó tenía inefables arranques de cordialidad...». Jesús Pabón, *Cambó*, Volumen II, Parte I, 1918-1930, ob. cit., pp. 215-216.

asistió prácticamente todos los días al despacho de abogados que había abierto Juan Sardá, participando en la tertulia que éste allí mantenía sobre temas de economía. Sardá era abogado del sindicato de banqueros, por lo que no es de extrañar que el Instituto de Investigaciones Económicas encargara a él y al propio Lucas Beltrán la elaboración de un trabajo de investigación sobre los problemas de la banca catalana que, tradicionalmente, venía arrastrando unos preocupantes niveles de crisis e insolvencia financieras, cuyos principales hitos habían sido la quiebra del Banco de Barcelona el 24 de diciembre de 1920 y la liquidación del Banco de Cataluña durante los primeros años de la República. Fruto de este encargo fue la publicación en catalán del primer libro escrito por Lucas Beltrán, en colaboración con Juan Sardá, con el título *Els Problemes de la Banca Catalana*.[42] En este libro sus autores presentan un estudio histórico sobre la evolución de la banca catalana y sus relaciones con el resto de los bancos de España. Además, analizan las operaciones peculiares que la banca catalana realizaba, alguna de las cuales, entre las que destacan las operaciones especulativas que efectuaban en relación con el depósito irregular de valores,[43] fueron en gran

---

[42] Joan Sardà y LLuc Beltrán, *Els Problemes de la Banca Catalana*, Publicacions de l'Institut d'Investigacions Econòmiques, Impremta de la Casa de Caritat, Barcelona 1933 (130 páginas).

[43] En relación con el contrato de depósito irregular de valores, Joan Sardà y LLuc Beltrán concluyen, certeramente, que «el defecte mès greu del compte corrent d'efectes és la poca claritat de la seva situació jurídica. No existeix en el Codi de Comerç cap regulació que encaixi exactament amb el compte d'efectes». Joan Sardà y Lluc Beltrán, *Els Problemes de la Banca Catalana*, ob. cit., p. 74. Este problema sería poco después objeto de un estudio mucho más detallado en otro libro importante titulado *La cuenta corriente de efectos o valores de un sector de la banca catalana y el mercado libre de valores de Barcelona: su repercusón en el crédito y en la economía, su calificación jurídica*

parte causantes de las graves crisis y recesiones financieras que asolaron al sector bancario y bursátil catalán. Este libro, que fue el primero de sus dos autores, fue prologado por Josep A. Vandellós y alcanzó una apreciable difusión que dio a conocer y elevó el prestigio intelectual de los dos jóvenes licenciados que lo habían escrito.

También en paralelo a su trabajo con Cambó, don Lucas inició en estos años (a partir de 1934) sus primeras experiencias docentes. Y así se hizo cargo de las clases de Economía en la «Cultura de la Mujer» (*Cultura de la Dona*), institución que por entonces se ocupaba de dar una cultura general y equilibrada a las mujeres, no sólo en las labores propias del hogar, sino también en literatura, arte y cuestiones jurídicas y económicas. En concreto, fue Xavier Ribó, encargado de la enseñanza de economía en esta institución, el que traspasó a don Lucas la responsabilidad de la misma. A la clase, de una hora semanal de duración, asistían entre ocho y nueve señoritas, dos de las cuales eran primas del propio Sardá.[44]

---

en el ámbito del derecho penal, civil y mercantil positivos españoles según los dictámenes emitidos por los letrados señores Rodríguez Sastre, Garrigues, Sánchez Román, Goicoechea, Miñana y Clemente de Diego, seguidos de un estudio sobre la cuenta de efectos y el mercado libre de valores de Barcelona por D. Agustín Peláez, síndico presidente de la Bolsa de Madrid, Madrid, Imprenta de Galo Sáez, 1936. Un estudio exhaustivo de los graves efectos desestabilizadores que sobre la economía tiene el contrato de depósito irregular con reserva fraccionaria, tanto de dinero como de valores, es el incluido en mi libro ya citado *Dinero, crédito bancario y ciclos económicos: un análisis económico del contrato de depósito bancario de dinero,* Unión Editorial, Madrid 1998 (8ª ed. 2023).

[44] Curiosamente, casi treinta años antes, un economista de fama universal, Ludwig von Mises, también comenzó su actividad docente enseñando Economía a señoritas, en este caso en la *Wiener Handelsakademie für Mädchen,* es decir, en la Escuela de Estudios Mercantiles de Viena para Señoritas. Véase Jesús Huerta de Soto, «Estudio preliminar», *La acción humana,* 16.ª edición, ob. cit., pp. xlviii-l.

IV
LOS AÑOS DE LA GUERRA CIVIL
(1936-1939)

A pesar de que el año 1936 terminaría siendo fatídico en la historia de nuestro país, sin embargo fue un año fructífero en lo que se refiere al avance de la divulgación de la Ciencia Económica en España. Así, y como botón de muestra, en este año se publican tres magníficas traducciones españolas de otras tantas obras clave de economía, todas ellas escritas previamente en alemán por autores de la Escuela Austriaca. En efecto, en 1936 aparece la primera edición castellana del libro clásico de Ludwig von Mises sobre *La teoría del dinero y del crédito*.[45]

Este trabajo de Mises fue considerado como la obra estándar de teoría monetaria en la Europa continental de esos años y, lamentablemente, no fue traducido al inglés hasta muy poco antes (1934), por lo que no pudo tener la debida influencia en la evolución del pensamiento económico anglosajón, muy afectado por las falacias de las posiciones monetaristas y keynesianas que ya por entonces empezaban a adquirir protagonismo. Otra obra que aparece en 1936 es el importante trabajo de Friedrich A. Hayek, *La teoría monetaria y el ciclo económico*, cuya edición española se publica gracias al esfuerzo de Luis Olariaga, que era catedrático de la Univer-

---

[45] Ludwig von Mises, *Teoría del dinero y del crédito*, traducido al español directamente de la 2.ª edición alemana de 1924 por Juan Marcos de la Fuente y publicado por Unión Editorial, 2.ª ed., Madrid 2012 (544 páginas). Es de notar que cuatro años antes ya se había publicado en España otro artículo importante de Mises titulado «La causa de las crisis económicas», aparecido en la *Revista de Occidente* en su número de febrero de 1932 y que a la sazón tuvo un gran impacto.

sidad Central.[46] La publicación de esta edición española del libro de Hayek, que entonces contaba tan sólo 35 años de edad y ya era considerado una de las figuras más rutilantes y prometedoras de la teoría económica mundial, pone de manifiesto hasta qué punto los economistas españoles, a pesar de las dificultades innumerables del entorno, hacían todo lo posible por mantenerse al día y popularizar en castellano las últimas y más valiosas aportaciones que surgían en el campo de nuestra ciencia. Finalmente, y en tercer lugar, también en 1936 aparece la traducción española, debida a Román Perpiñá Grau, de la obra del profesor Gottfried Haberler *El comercio internacional*.[47] Haberler había sido compañero de Hayek en Viena y, al igual que éste, fue uno de los alumnos de Mises que más sobresalieron en el famoso seminario de teoría económica que éste último mantenía semanalmente en su oficina de la Cámara de Comercio austriaca.[48]

Como es lógico, estos y otros muy meritorios esfuerzos vendrían a truncarse con el desarrollo de la Guerra Civil a partir del 18 de julio de 1936. El padre de don Lucas fue militarizado y pasó a prestar sus servicios como médico en un hospital. Además, y al inicio del conflicto, se produjo una tragedia familiar: Ricardo, hermano menor y compañero

---

[46] Friedrich A. Hayek, *La teoría monetaria y el ciclo económico*, traducido de la edición inglesa, ampliado y prologado por Luis Olariaga, Espasa Calpe, Madrid 1936 (212 páginas).

[47] Gottfried Haberler, *El comercio internacional: teoría de las relaciones económicas internacionales, y exposición y análisis de la política del comercio exterior*, traducción directa del alemán seguida de un apéndice original «De economía hispana» por el doctor Román Perpiñá Grau, profesor de la Escuela de Altos Estudios Mercantiles de Valencia y Director del Centro de Estudios Económicos Valencianos, Editorial Labor, Barcelona y Madrid, 1936 (504 páginas).

[48] Véase Gottfried Haberler, «Mises' Private Seminar», *The Mont Pèlerin Quarterly*, volumen III, octubre de 1961, n.º 3, pp. 20 y ss.

de estudios de don Lucas en el internado de Valencia, que había terminado la carrera de Derecho y tenía simpatías por el movimiento falangista, fue asesinado por fuerzas republicanas incontroladas. La familia Beltrán lloró en silencio y temor la pérdida de tan querido miembro, pues los tiempos que corrían en la Cataluña republicana eran poco propicios para una familia en la que uno de sus miembros hubiera sido asesinado por falangista. Por otro lado, la guerra hizo que la familia de don Lucas terminara dispersándose. Su hermano Juan logró pasar a la zona nacional, mientras que sus otros hemanos más pequeños, José y Manolo, se refugiaron en una casa de campo junto con su abuela y su madre. Solamente quedaron en Barcelona don Lucas, que evitó ir a la guerra al ser declarado inútil total por una lesión pulmonar, y su padre, que ejercía como médico militar.

Es curiosa la razón por la cual don Lucas permaneció con su padre en Barcelona. Para comprenderla, es preciso explicar cómo Francesc Cambó, que se había exiliado en París desde el inicio del conflicto, sugirió a Josep Tarradellas, a la sazón Consejero de Economía de la Generalitat y prominente miembro de Esquerra Republicana de Cataluña, la conveniencia de nacionalizar, no sólo el archivo y el propio despacho de Francesc Cambó, sino también la Fundación Bernat Metje, todo ello con la finalidad de que las mismas quedaran bajo custodia del gobierno catalán y, por tanto, a salvo de los desmanes populares. Tarradellas decidió seguir el consejo de Cambó, y al ocupar el despacho, la Fundación y los archivos de éste, se hizo cargo, junto con los mismos, del joven Lucas Beltrán, que de esta forma pasó a ser asesor en materias económicas y funcionario de la Generalitat de Cataluña a las órdenes de Tarradellas. Como es lógico, el verdadero origen de este cambio en las funciones y el destino de don Lucas nunca llegó a ser públicamente conocido.[49]

Y así tenemos a don Lucas como funcionario de la Generalitat de Cataluña durante los tres años que duró la Guerra Civil. Durante este periodo asesoró a Tarradellas en materias económicas y fiscales y, en general, participó en todos los trabajos que se le encomendaron en la consejería de Economía. Fue, por tanto, testigo excepcional del proceso de descomposición económica y continua inflación que se produjo en toda la España republicana, y en Cataluña en particular, así como del establecimiento de una serie de medidas de tipo fiscal que, con una efectividad muy dudosa, se llevaron a cabo a lo largo del periodo.[50] El agudo proceso de disminución del poder adquisitivo de las pesetas republicanas no dejó de impresionar fuertemente a don Lucas, que a menudo comenta cómo la Guerra Civil se perdió por la República precisamente a partir del momento en que las pesetas republicanas deja-

---

[49] El profesor Beltrán me ha comentado que si se hubiera llegado a saber que el origen de su cambio de destino se encontraba en una sugerencia del propio Cambó, entonces considerado como «burgués» y poco menos que traidor a la República, no sólo le hubiera podido costar la vida, sino también un importante disgusto político al propio Tarradellas. Por ello, ni don Lucas ni Tarradellas hablaron nunca de este asunto, aunque mantuvieron una próxima y estrecha colaboración a lo largo de toda la Guerra Civil. Posteriormente, cuando casi cuarenta años después, Tarradellas regresó a España, don Lucas volvió a colaborar con él al ser nombrado patrono de la Fundación Monserrat Tarradellas, que el gran político catalán instituyó en el Monasterio de Poblet para impulsar los estudios sobre el proceso de pacificación en nuestro país.

[50] Por ejemplo, cabe destacar la creación, por primera vez en España, de un impuesto general sobre las ventas, que fue establecido por los decretos números 34, 35 y 44 de la Generalitat (llamados «decretos de S'Agarò»), aprobados en enero de 1937, así como la creación de un nuevo y curioso «impuesto de radio», cuya capacidad recaudatoria fue casi imperceptible.

ron de tener prácticamente todo valor. En efecto, mientras los soldados nacionales recibían una paga de treinta y cinco céntimos diarios, la remuneración diaria de los soldados de la República era de diez pesetas republicanas, cómo es lógico de una capacidad adquisitiva muy reducida.

Además, el crecimiento de la oferta monetaria y, por tanto, la depreciación de la unidad monetaria republicana continuaron a un ritmo progresivamente más acelerado, por lo que se hacía cada vez más difícil la obtención a cambio del dinero oficial y por parte de los residentes en la ciudad de Barcelona de las necesarias materias primas y alimentos que habitualmente adquirían saliendo al campo.[51]

El profesor Beltrán, al igual que Mises, Hayek y otros importantes economistas del pasado siglo, fue un testigo excepcional de las enormes dificultades que inevitablemente surgieron durante la Guerra Civil a la hora de intentar colectivizar la floreciente economía industrial y comercial catalana, así como de la grave hiperinflación que provocó la política monetaria de la Generalitat de Cataluña. Sin duda alguna,

---

[51] Las fuerzas nacionales hicieron todo lo posible para acelerar aún más este proceso de continua depreciación de la moneda republicana, utilizando de forma sistemática todas las pesetas republicanas que incautaban en sus operaciones militares para venderlas después en los mercados internacionales y hundir todavía más la divisa del gobierno republicano. Esta poco conocida utilización bélica de instrumentos económicos durante nuestra Guerra Civil ha sido estudiada recientemente por José Ángel Sánchez Asiaín en su artículo «'Fondo de papel moneda puesto en curso por el enemigo': un episodio desconocido de nuestra Guerra Civil», publicado en el *Boletín de la Real Academia de la Historia*, tomo CXC, cuaderno II, Madrid, mayo-agosto de 1993, pp. 207-222. Un botón de muestra del gran interés intelectual que han generado en don Lucas los problemas monetarios relacionados con la inflación puede verse, por ejemplo, en el cap. VI de este libro sobre «La gran inflación alemana (1914-1923)», pp. 94-111.

estas experiencias influyeron de manera determinante en la evolución intelectual de don Lucas, y en su inclinación hacia posturas cada vez más favorables al liberalismo, la economía de mercado y la ortodoxia financiera, que no ha dejado de cultivar hasta nuestros días.[52]

Don Lucas incorporó a su amigo Joan Sardá en el grupo de asesores económicos de la Esquerra Republicana, colaborando Sardá muy activamente con la Generalitat de Cataluña

---

[52] De nuevo el paralelismo con Mises es evidente. En efecto, Mises pasó los últimos años de la Primera Guerra Mundial en Viena como funcionario del Ministerio de la Guerra del Imperio Austro-Húngaro, a donde había sido destinado después de contraer fiebres tifoideas en el frente ruso. En ese puesto pudo presenciar directamente las enormes dificultades que tenía organizar una economía de guerra y que explicó teóricamente en su artículo clásico sobre la imposibilidad del cálculo económico socialista publicado en 1920 («Die Wirtschaftsrechnung im socialistischen Gemeinwesen», *Archiv für Sozialwissenschaft und Sozialpolitik*, nº 47, 1920, pp. 86-121). En cuanto a Hayek, nos relata sus experiencias personales de la siguiente forma: «At my first job, under Mises, in October 1921, I got a monthly salary of 5,000 old kronen a month. In the next month, I had to be paid three times that in order to be able to live on it. And by next July it reached one million a month. So my first ten months of professional life were in what was then still regarded as an enormous inflation, but the Germans two or three years later actually got much higher». F.A. Hayek, *Hayek on Hayek*, ob. cit., p. 70. Finalmente otra experiencia parecida fue la del profesor Toshio Murata, actualmente catedrático de Economía de la Universidad de Yokohama en Japón, que en su juventud fue destinado en el Alto Estado Mayor del decimotercer ejército japonés, que durante la Segunda Guerra Mundial ocupó Shanghai. Allí pudo comprobar la imposibilidad de organizar de forma coactiva la floreciente economía que a la sazón imperaba en ese lugar de China, así como la grave hiperinflación que provocó la política monetaria de los ocupantes. El intento de dar una explicación teórica de estos problemas le llevó a estudiar las obras de Mises, cuyo estudio y popularización no ha dejado de impulsar a lo largo de toda su vida académica y ha culminado después de un esfuerzo de décadas con la reciente publicación de su traducción al japonés de *La acción humana* de Mises, con el título de *Ningen-Kōi-Gaku*, Shunjü Sha, Tokio 1991 (995 páginas).

hasta que, en 1938, fue llamado a filas y, posteriormente, huyó a Francia y, a través de Navarra, pasó a la España nacional. Don Lucas, por el contrario, permaneció en Barcelona hasta el último momento de la guerra. ¿Qué ambiente se vivió en la ciudad de Barcelona durante los trágicos años de la Guerra Civil? Don Lucas recuerda que, a pesar del conflicto, la vida social casi nunca dejó de funcionar en Barcelona capital, manteniéndose un grado de orden público relativamente aceptable. Además, no guarda en general muy malos recuerdos de la guerra y en ningún caso fue desgraciado durante la misma. Aunque procuró exiliarse en varias ocasiones, no lo intentó con la suficiente constancia, por lo que no pudo lograr su objetivo, de manera que la ocupación por las tropas de Franco de la capital catalana el 26 de enero de 1939 le pilló en su puesto de trabajo de la Generalitat de Cataluña, al que con comprensible incertidumbre y temor volvió a acudir, como todas las mañanas, al día siguiente en el que, para sorpresa y desconcierto de todos, se confirmó la noticia de que el General Franco había concedido una paga extraordinaria de 50 pesetas nacionales a todos los funcionarios de la Generalitat que habían permanecido en sus puestos. Las represalias, juicios y purgas políticas vendrían después y don Lucas se libró de las mismas gracias a los buenos oficios de su hermano Juan, que había luchado con el bando nacional, y al restablecimiento del bufete, archivo y Fundación de Cambó, a cuyo servicio don Lucas se reincorporó a partir de los meses subsiguientes.

V

LOS AÑOS DE POSGUERRA EN BARCELONA
(1939-1953)

Terminada la Guerra Civil, el profesor Beltrán vuelve, como hemos indicado, al despacho de Francesc Cambó, y allí estuvo trabajando durante poco más de un año. Durante este periodo, el propio Cambó le propuso escribir una *Historia de la España del siglo XIX*, atractivo proyecto que, sin embargo, don Lucas nunca llevó a cabo. En ello quizá influyó el exilio definitivo de Cambó a Argentina (donde fallecería en 1946) y el hecho de que el gran prócer del nacionalismo catalán quedara, en palabras de don Lucas, «muy confuso y desconcertado»[53] sobre cuál sería el futuro de España tras el triunfo del bando nacional en la Guerra Civil.

En septiembre de 1939, don Lucas se prometió en matrimonio con su prima Montserrat Beltrán, hija de su tío Lucas. La necesidad de conseguir una mayor seguridad económica que le permitiera casarse hizo que buscara horizontes profesionales más amplios. Pronto le surgió una importante oportunidad de la mano de Narciso de Carreras, antiguo colaborador de Cambó y albacea en su testamento, que fue nombrado, en agosto de 1940, secretario general de la SUBCRA (Subcomisión Reguladora del Algodón), con la finalidad de crear un sistema de subsidio de paro a favor de los obreros de

---

[53] Así nos ha descrito don Lucas la impresión que le causó Cambó tras la extensa conversación que mantuvo con él la única (y última) vez que le vio después de la Guerra Civil, durante un viaje que hizo a Barcelona desde su exilio en Suiza y antes de trasladarse definitivamente a Buenos Aires para supervisar los intereses argentinos de la C.H.A.D.E. En todo caso, Cambó siempre añoró volver a España y de hecho la muerte le sorprendió en Argentina justo antes de emprender su regreso a Cataluña.

la industria textil algodonera que quedaran en desempleo forzoso como consecuencia de las frecuentes restricciones en la importación de algodón que imponía la Segunda Guerra Mundial. La primera disposición de Carreras al frente de este nuevo organismo fue nombrar como jefe de su Secretaría y del Servicio de Estudios a Lucas Beltrán Flórez, con un sueldo próximo a las mil pesetas al mes, más que suficientes en la época para decidirse a crear y sacar adelante una familia.[54]

De esta forma, don Lucas pudo contraer matrimonio con Montserrat Beltrán, teniendo lugar la boda en San Carlos de la Rápita el 26 de junio de 1941. Montserrat fue a lo largo de toda su vida una mujer de gran belleza, dotada de excepcionales cualidades humanas, que todos los que conocieron un poco al matrimonio Beltrán en seguida podían apreciar. Aunque completó brillantemente el bachillerato y hablaba correctamente el francés, no pudo terminar sus estudios porque su padre, siguiendo la costumbre de la época, no se lo permitió. Siempre acogía cariñosa y maternalmente a todos los discípulos y amigos de su marido, al que supo dar, hasta su prematuro fallecimiento en 1989, un cuidado y un cariño conyugal verdaderamente ejemplares.[55]

El trabajo en el sindicato textil puso a don Lucas en contacto con la problemática específica de uno de los sectores

---

[54] El puesto de don Lucas en el despacho de Cambó fue ocupado por el joven Salvador Millet i Bell, que con el tiempo también se convertiría en conspicuo liberal y gran seguidor de las obras de Hayek. Posteriormente Millet i Bell contribuiría con un interesante trabajo sobre «Razón y economía» al libro que en *Homenaje a Lucas Beltrán* se publicó por la Editorial Moneda y Crédito en 1982 (pp. 471-483).

[55] La bondadosa acogida que Doña Montserrat siempre daba a los discípulos y amigos de su marido es algo que pude experimentar personalmente en diversas ocasiones, sobre todo con motivo de los viajes que hicimos juntos a los congresos de la *Mont Pèlerin Society*.

de más raigambre en la economía catalana. Los economistas teóricos salen siempre enriquecidos de su contacto con la práctica específica en al menos algún sector de la economía real,[56] y la situación del sector textil catalán durante la posguerra española, años de autarquía y de fuerte intervencionismo económico, era tan especial que constituía una magnífica oportunidad para intentar aplicar los principios teóricos al análisis de la realidad. Fruto de las investigaciones de don Lucas en este campo es su libro, prologado por el propio Narciso de Carreras, sobre *La industria algodonera española*, publicado en Barcelona en 1943 por la Sección de Trabajo de la Industria Textil Algodonera del Ministerio de Trabajo.[57] A pesar de lo

---

[56] Otro caso de implicación personal en un importante sector de la economía real es el de John Maynard Keynes que dedicó su actividad profesional al sector del seguro de vida. Sin embargo, la influencia de Keynes sobre el sector asegurador fue muy negativa y, durante los años en que ejerció como presidente de la National Mutual Life Assurance Society de Londres (1921-1938), promovió no sólo inversiones *ad hoc* en renta variable en vez de en los tradicionales títulos de inversión en renta fija, sino también unos principios contables no ortodoxos valorando los activos a precios de mercado (en vez de a coste histórico), llegando incluso a decidir la distribución de bonos o dividendos a los tenedores de las pólizas de seguros de vida con cargo a beneficios no realizados. Todas estas agresiones típicamente keynesianas en contra de los principios tradicionalmente ya establecidos en la actividad aseguradora estuvieron a punto de costarle la insolvencia de su compañía cuando llegó la Gran Depresión, viéndose obligado a dejar su cargo en la misma pocos años después. Véase Nicholas Davenport, «Keynes in the City», en *Essays on John Maynard Keynes*, Milo Keynes (ed.), Cambridge University Press, Cambridge 1975, pp. 224-225. E igualmente los discursos de Keynes como Presidente ante la junta anual de la sociedad y que están recogidos en el volumen XII de sus *Collected Writings*, Macmillan, Londres 1983, pp. 47 y 114-254.

[57] Un año antes, en 1942, don Lucas había publicado un pequeño librito, en colaboración con Marcelino Moreta Amat, titulado *La aplicación de la tarifa III de utilidades a los comerciantes e industriales individuales*, Casa Edi-

que pueda parecer, esta obra no es sino una verdadera historia de los hechos económicos de nuestro país, que analiza con detalle la evolución y vicisitudes de la economía española, con especial referencia a su industria algodonera y a las repercusiones que sobre la misma tuvo en cada momento la evolución del mercado internacional.[58] El año 1944 fue muy fructífero para don Lucas, que ya cuenta con 33 años de edad. En primer lugar, se publica la traducción española de la obra clásica de Eheberg-Boesler sobre *Principios de Hacienda*, cuya edición en nuestra lengua y sus apéndices sobre la Hacienda española estuvieron a cargo de Juan Sardá Dexeus, que ya era doctor en Derecho, y de Lucas Beltrán Flórez, que se doctoraría en ese mismo año.[59] En el verano de 1944 el profesor Beltrán leyó en la Universidad Central de Madrid su tesis doctoral en Derecho. El tema

---

torial Bosch, Barcelona 1942. Este pequeño trabajo confirma aún más el evidente sentido práctico que la actividad profesional de don Lucas había adquirido durante esos años.

[58] De todos los libros de don Lucas que por primera vez he leído con motivo de la elaboración de esta «Semblanza», quizá sea éste el que más gratamente me ha sorprendido, y en el que más he aprendido sobre la historia económica de nuestro país, las polémicas entre proteccionistas y librecambistas, y la formación y evolución de un sector que desde siempre ha sido estratégico, sobre todo para la economía catalana.

[59] Karl T. Eheberg y Ebert Boesler, *Principios de Hacienda*, versión española de la 7.ª edición alemana con apéndices sobre la Hacienda española por Juan Sardá Dexeus y Lucas Beltrán Flórez, editorial Gustavo Gili, Barcelona 1944. El apéndice sobre «La Hacienda española a través de la historia», es una pequeña joya de nuestra literatura económica en la que de forma sintética se expone la evolución histórica de nuestra Hacienda y Derecho financiero (pp. 481-513). Hay que señalar que don Lucas tomó clases particulares de alemán ya desde sus años universitarios, llegando por tanto a añadir una quinta lengua a su ya amplio repertorio lingüístico y que le hizo posible su participación en la edición española de este libro alemán.

que eligió para su tesis fue *El impuesto sobre las herencias*, y obtuvo la calificación de sobresaliente *cum laude* ante un tribunal constituido por Valentín Andrés Álvarez, Luis Olariaga Pujana y el mercantilista Joaquín Garrigues. El contenido revisado de esta tesis fue publicado el año siguiente en forma de libro y contribuyó en gran medida a hacer más conocido a su autor en el mundo académico español. En este libro se presenta una detallada historia del pensamiento económico relativo a las diversas posturas que a favor y en contra del impuesto sobre las herencias han mantenido los economistas y, aunque en algunos lugares contiene ciertas veleidades keynesianas, por su mesura y erudición es un libro que todavía hoy se lee con gran deleite y aprovechamiento intelectual.[60] También durante este periodo el profesor Lucas Beltrán retoma su actividad docente, esta vez como ayudante de Jaime Algarra en la cátedra de Economía Política y Hacienda Pública de la Facultad de Derecho de la Universidad de Barcelona. Como dato anecdótico, tras la Guerra Civil, la primera asignatura que Algarra encargó a su joven ayudante que impartiera (sin

---

[60] Lucas Beltrán Flórez, *El impuesto sobre las herencias*, Bosch Casa Editorial, Barcelona 1945 (208 páginas). El hacendista César Albiñana García-Quintana nos ha manifestado que fue este libro el que despertó su vocación de hacendista y le llevó a estudiar y analizar de forma integral el mundo de los impuestos «pues en él están presentes los elementos económicos, el derecho comparado, la historia, el régimen jurídico vigente y las observaciones u opiniones que a los autores merece este gravamen». Véase César Albiñana García-Quintana, «El impuesto sobre las herencias: ¿en transición?», en *Homenaje a Lucas Beltrán*, ob. cit., p. 21. En conversaciones privadas con don Lucas, éste me ha manifestado que hoy en día ha modificado ligeramente su opinión sobre el impuesto de sucesiones, de tal manera que ha llegado a considerar que este impuesto o bien no debería existir en absoluto, o tan sólo debería gravar con unos tipos muy reducidos, y con total independencia de su valor, el caudal relicto de cada herencia.

cobrar nada) fue la recién creada «Formación del espíritu nacional», que era considerada como una «maría» por el alumnado. Muy pronto, sin embargo, a mediados del curso 1940-1941, Algarra permite ya que don Lucas comience a impartir sus primeras clases de Economía Política, siendo desde el principio muy bien considerado como profesor de Economía por todos sus alumnos. El libro de texto que a la sazón se utilizaba en la cátedra dejaba mucho que desear: la *Economía teorética*, del propio Jaime Algarra, junto con una traducción española de la *Historia de la Economía* de Conrad.[61] Para don Lucas ambos libros eran muy poco satisfactorios, de manera que en la primera oportunidad que tuvo (durante el segundo año y so pretexto de que el libro de Conrad se había agotado), los sustituyó[62] por el texto muy superior de Frederic Benham, que había sido su profesor en la London School of Economics, y que acababa de ser traducido al castellano con el título de *Curso superior de economía*.[63] En seguida

---

[61] Jaime Algarra, *Economía teorética*, 2.ª edición, Bosch Casa Editorial, Barcelona, vol. I (*Psicología, economía en general, producción y consumo*), 1944, y vol. II (*Interés, salario, lucro y beneficio*), 1945; y J. Conrad, *Historia de la Economía Política*, traducción directa del alemán de J. Algarra, Bosch Casa Editorial, Barcelona 1933, (302 páginas).

[62] El cambio de texto recomendado por parte de don Lucas se efectúa en el curso 1941-1942 y causó gran revuelo en el departamento. Un caso semejante fue el de la sustitución del libro de texto de Samuelson por *La acción humana* de Mises hace ya más de once años en mis clases de Economía Política en la Facultad de Derecho de la Universidad Complutense de Madrid, y que hasta ahora han estudiado con gran aprovechamiento más de dos mil alumnos. En el «Estudio preliminar» que he escrito para esta última edición española de *La acción humana* explico con detalle las razones por las que considero el libro de Mises muy superior a los textos alternativos que hasta ahora se han venido recomendando.

[63] Frederic Benham, *Economics: A General Text-Book for Students*, Londres 1938, traducido al español por Víctor L. Urquidi y publicado con el título

don Lucas, cuando se crea el cuerpo de Profesores Adjuntos de Universidad, obtiene la plaza de Profesor Adjunto de Algarra y, a partir de 1948, es nombrado Profesor Encargado de Cátedra, haciéndose cargo de la que había dejado vacante por fallecimiento Algarra hasta que en 1953 deja Barcelona y se traslada a Madrid para trabajar en el Banco Urquijo y enseñar Economía Política en la Facultad de Derecho de la Universidad Central.[64]

Al año siguiente de obtener el grado de doctor, el profesor Beltrán publica otro libro importante: *Los seguros sociales*.[65] En este libro, don Lucas, siguiendo el esquema que antes tan brillantemente había desarrollado en su estudio sobre la industria textil algodonera, efectúa un análisis del pensamiento económico sobre la Seguridad Social así como de la evolución histórica de esta institución en el mundo, que tan de moda se había puesto a raíz de la aprobación del denominado Plan Beveridge por el Parlamento inglés en febrero de 1943.[66]

---

de *Curso superior de Economía*, Fondo de Cultura Económica, México 1941.

[64] La plaza de Algarra no fue cubierta oficialmente hasta 1953 cuando J.L. Sureda y Carrión la ocupó tras ganar unas oposiciones en las que quedó en segundo lugar Juan Sardá (que optó por Murcia) y a las que también se presentó, infructuosamente, Lucas Beltrán.

[65] ucas Beltrán Flórez, *Los seguros sociales*, prologado por Enrique Casado Mendoza, Sección de Trabajo de la Industria Textil Algodonera, Ministerio de Trabajo, Barcelona 1945. Habrá que esperar hasta la obra de Jesús Huerta Peña, *Estudio sobre las pensiones de vejez y supervivencia*, Madrid 1960, para encontrar una obra sobre la Seguridad Social de extensión y profundidad comparables a la elaborada por el profesor Lucas Beltrán quince años antes.

[66] William H. Beveridge realizaba labores administrativas en la London School of Economics y fue nominalmente autor de diversos libros, entre los que destaca la obra *Full Employment in a Free Society* (Londres 1944). Hayek, en su autobiografía intelectual, nos indica que Beveridge «was completely ignorant of any economics whatever», así como que fue en realidad Nicholas

El fin de la Segunda Guerra Mundial permite que a partir de 1945 los suministros de algodón vuelvan a normalizarse, con lo que pierde sentido el mantenimiento de la caja de subsidios a favor de los trabajadores del sector textil en paro forzoso por falta de materia prima. Sin embargo, de nuevo vuelve a producirse un problema de paro forzoso semejante, esta vez como consecuencia de las restricciones de energía eléctrica. Se crea así la obra asistencial «Paro obrero directo por escasez de fluido eléctrico (PODFE)», que también bajo la dirección de Carreras se organiza a partir del 3 de agosto de 1945, pasando a desempeñar de nuevo el cargo de jefe de la Secretaría y del Servicio de Publicaciones de este organismo el profesor Lucas Beltrán Flórez, puesto que desempeñaría hasta su marcha a Madrid en 1953.[67]

¿Cuál era el estado y evolución de la teoría económica en nuestro país durante la década de los cuarenta? Ante todo hay que reconocer que, a pesar del aislamiento político al que fue sometida España y las dificultades económicas y grave ausencia de divisas que hacían muy difícil importar los libros de economía que se publicaban en el extranjero, un pequeño puñado de investigadores y profesores de economía mantuvieron en España encendida la llama del interés por el estudio teórico de los problemas económicos. Además, en

---

Kaldor quien le escribió a Beveridge su libro sobre el pleno empleo. Véase F.A. Hayek, *Hayek on Hayek*, ob. cit., pp. 83 y 86.

[67] He podido leer las *Memorias* de la PODFE correspondientes a tres ejercicios (1 de julio de 1947 a 30 de junio de 1948, 1 de julio de 1948 a 30 de junio de 1949, y 1 de julio de 1949 a 31 de diciembre de 1950), las tres redactadas por el profesor Lucas Beltrán y en las que, como es en él habitual, combina el rigor del análisis económico con su aplicación al estudio de los problemas concretos del sector textil y del impacto que sobre el mismo tenía entonces la grave escasez de producción y oferta de energía eléctrica.

el curso de 1943-44 se crea la primera Facultad de Ciencias Económicas en la Universidad Central de Madrid y, poco a poco, el dominio historicista que había sido la característica más común de nuestras cátedras de Economía antes de la Guerra Civil es sustituido por enfoques más teóricos, en este caso de corte keynesiano. Lamentablemente, en la mayor parte de los casos y dada la general pobreza del bagaje teórico previo, la recepción de los análisis keynesianos se efectúa con gran ingenuidad y optimismo y prácticamente sin crítica alguna. Solamente Luis Olariaga mantuvo entre nosotros posiciones contrarias a las doctrinas de Keynes sólidamente fundamentadas en las aportaciones de Hayek.[68] El caso de Olariaga fue, por desgracia, aislado y en España terminaron dominando las ideas ingenuamente keynesianas, primero de la mano de Manuel de Torres y después del propio Juan Sardá, que en su obra titulada *Una introducción a la Economía* publicada en 1950, ya incorporó *in extenso* las doctrinas macroeconómicas de Keynes.[69]

---

[68] Juan Velarde, en sus rememoranzas de la época, nos describe vivamente esta situación con las siguientes palabras: «Olariaga corre a avisarnos, alarmado por las consecuencias inflacionistas que tiene un keynesianismo mal entendido, porque en la pelea intelectual que se desarrolló entre hayekianos y keynesianos su corazón y su cabeza estaban con Hayek en cuanto a las consecuencias de Keynes. Lo hace justamente cuando, tras la muerte de éste, su idolatría se expansionaba de modo impetuoso por las aulas académicas.» Juan Velarde, *Economistas españoles contemporáneos: primeros maestros*, ob. cit., p. 59.

[69] Juan Sardá Dexeus, *Una introducción a la Economía*, Editorial Bosch, Barcelona 1950. No es de extrañar que el principal discípulo que Sardá tuvo en Madrid fuera el profesor Luis Ángel Rojo, que volvió de sus estudios en Inglaterra todavía más imbuido, si cabe, de las doctrinas keynesianas. Además, las prescripciones intervencionistas del keynesianismo parecían encajar muy bien con el régimen fascista y autoritario entonces vigente: no en vano el propio Keynes había sido el primero en alabar la política

Hemos de recordar que el principal defecto de Keynes era su desconocimiento de la teoría austriaca del capital y, en concreto, su incomprensión teórica de los procesos de mercado a través de los cuales los fenómenos macroeconómicos de expansión crediticia siempre terminan afectando microeconómicamente de forma muy negativa a la estructura productiva real. Esto hizo que él y sus discípulos cayeran en los mitos del subconsumo y desarrollaran su análisis de la demanda efectiva como determinante de la renta nacional. Treinta años tardarían, sin embargo, las doctrinas keynesianas en quedar completamente desacreditadas, cuando en la grave recesión inflacionaria (*stagflación*) que se produjo tras la denominada «crisis del petróleo» de los años setenta, se puso de manifiesto que las soluciones keynesianas no servían, como se creía, para evitar las depresiones económicas, sino que más bien las causaban, rehabilitándose en gran medida la teoría austriaca del ciclo económico tras la concesión del Premio Nobel de Economía a Hayek en 1974, precisamente por las aportaciones que había realizado en contra de Keynes en este campo.[70]

---

económica nazi en el prólogo que escribió para la primera edición alemana de su *Teoría General.*

[70] Según Hayek, Keynes «was wholly wrong in the scientific work for which he is chiefly known». F.A. Hayek, *Contra Keynes and Cambridge*, ob. cit., p. 252. Y en otro lugar Hayek nos dice que «Keynes was completely ignorant of 19th-century economic history. Totally ignorant. He just disliked it ... He knew his Marshall, but very little else»; y en lo que se refiere a la teoría del capital, Hayek añade que Keynes «had no idea of it», así como que «he had hardly anything about international trade theory ... I don't think he spent more than a year learning economics». Por todo ello concluye Hayek que «I do not think he (Keynes) was a good economist». F.A. Hayek, *Hayek on Hayek*, ob. cit., pp. 92-93.

Aparte de Luis Olariaga, solamente Lucas Beltrán supo mantener una posición de equilibrada independencia en medio del torrente de keynesianismo mal digerido que llegó a dominar en nuestro país. Buena prueba de ello es la publicación en 1951, a instancias del historiador Jaime Vicens Vives, del libro titulado *Economistas modernos*.[71] En este libro, que se encuentra encabezado por una fotografía a toda página de F.A. Hayek, don Lucas hace un repaso a las aportaciones de los principales tratadistas de nuestra Ciencia, haciendo especial hincapié en las doctrinas económicas de la Escuela Austriaca en general y de Mises, Hayek y Röpke en particular, frente a las de Keynes y sus acólitos, que también se exponen, pero no de la forma exclusiva y dominante que era entonces tradicional.[72]

Por último, y en lo que se refiere al desarrollo de la microeconomía en nuestro país, aunque ésta en gran medida quedó eclipsada por la ola de la macroeconomía keynesiana, sus estudios se desarrollaron en exclusiva en torno al paradigma del equilibrio estático (general y parcial) y la versión exageradamente matematizada del mismo que se debió a la labor académica del profesor José Castañeda.[73] De esta manera, de

---

[71] Lucas Beltrán Flórez, *Economistas modernos*, Editorial Teide, Barcelona 1951.

[72] Además, Wilhelm Röpke y Friedrich A. Hayek visitarían España en los años 1949 y 1950, respectivamente, siendo atendidos personalmente en ambos casos por el profesor Beltrán (véanse los capítulos dedicados a Hayek y Röpke en este libro, así como la referencia explícita a estas visitas que don Lucas hace en la entrevista con Francisco Cabrillo que se incorpora como apéndice). Un análisis crítico y retrospectivo desde el punto de vista de la Escuela Austriaca de los errores teóricos de la macroeconomía, especialmente en sus versiones keynesianas y monetaristas, puede encontrarse en mi libro ya citado *Dinero, crédito bancario y ciclos económicos*, cap. VII.

[73] Es evidente el obsesivo contenido matemático de las *Lecciones de teoría económica (microeconomía: consumo, producción, precios y rentas)* de José Castañeda

nuevo se ignoraron en nuestro país los avances más sugestivos sobre la teoría de la función empresarial y de los procesos dinámicos del mercado y de la competencia, que también durante estos años, y principalmente como subproducto de

(Editorial Aguilar, Madrid 1968) y que constituyeron las únicas enseñanzas de microeconomía que estérilmente se vieron obligados a memorizar promociones y promociones enteras de economistas de nuestro país. Es de resaltar que en las enseñanzas de Castañeda lo económico siempre quedaba sometido a las exigencias del aparato matemático, silenciándose las aportaciones críticas al enfoque matemático que ya estaban plenamente articuladas desde el trabajo clásico de Hans Mayer, publicado en 1932, en el que se critica de forma devastadora la teoría matemática y funcional de determinación de los precios tal y como la misma era rígida y dogmáticamente expuesta por Castañeda. Véase Hans Mayer, «Der Erkenntniswert der Funktionellen Preistheorien», publicado en *Die Wirtschaftstheorie der Gengenwart*, edit. Springer, vol. 2, Viena 1932, pp. 147-239b, traducido al inglés con el título de «The Cognitive Value of Functional Theories of Price», vol. II de *Classics in Austrian Economics: A Sampling in the History of a Tradition*, Israel M. Kirzner (ed.), William Pickering, Londres 1994, pp. 55-186. E igualmente hay que señalar las pp. xlv-xlvii de mi «Estudio preliminar» a la 5ª edición de *La acción humana* de Mises, ob. cit., así como todo el epígrafe 5 de su cap. XVI, en donde Mises desarrolla su ya clásico análisis crítico de la economía matemática. Hay que resaltar que la obra *Die Wirtschaftstheorie der Gegenwart* editada por Hans Mayer alcanzó gran difusión en toda Europa y también en nuestro país, incorporando incluso en su volumen I *Gesamtbild der Forschung in den Einzelnen Ländern* (Springer, Viena 1927) un trabajo del español Gabriel Franco dedicado al pensamiento económico en España (pp. 218-235); Franco era entonces catedrático en la Universidad de Murcia. Por ello, no cabe aceptar como hipótesis que Castañeda desconociera las aportaciones de Mayer, sino que hay que pronunciarse más bien por un nuevo caso de la tradicional extensión de la «ley del silencio» ante nuevos desarrollos teóricos que, como el de Mayer, eran muy «incómodos» al poner en duda los fundamentos de lo que se enseñaba, así como muy difíciles de contestar con contraargumentos teóricos adecuados. Se comprende, pues, que Castañeda, que exigía con un rigor y dureza desproporcionados el conocimiento de sus *Lecciones*, no desease que sus alumnos llegaran a enterarse de que el fundamento teórico de lo que se les enseñaba era muy dudoso (si no completamente falso).

la polémica en torno a la imposibilidad del cálculo económico socialista, fueron depurando poco a poco los economistas austriacos.[74] Habrá que esperar hasta los años ochenta[75] para que

[74] Recuérdense, como botones de muestra, los siguientes trabajos seminales de Hayek: «Economics and Knowledge», *Economica*, nº IV, 1937, pp. 33-54; «The Use of Knowledge in Society», *American Economic Review*, XXXV, nº 4, sept. 1945, pp. 519-530; y «Competition as a Discovery Procedure», incluido en *New Studies in Philosophy, Politics, Economics and the History of Ideas*, Routledge, Londres 1978, pp. 179-190. Los errores del paradigma neoclásico-walrasiano se hicieron evidentes cuando se pensó que los modelos microeconómicos de los libros de texto podían utilizarse con éxito para solucionar el problema del cálculo económico socialista. Véase Jesús Huerta de Soto, *Socialismo, cálculo económico y función empresarial*, ob. cit., especialmente pp. 209-410; y «La crisis del paradigma walrasiano», en Jesús Huerta de Soto, *Estudios de Economía Política*, Unión Editorial, Madrid 1994, cap. IV, pp. 56 y ss. Por último, muy recientemente, Joseph E. Stiglitz también ha manifestado la opinión de que el paradigma neoclásico hasta ahora dominante ha sido en gran medida el culpable del mantenimiento de la errónea creencia de que el sistema socialista podría funcionar, concluyendo que «the standard (neoclassical) models were partly to blame for the disastrous situation in which so many Eastern European countries found themselves. A strong case could be made for the proposition that ideas about economics have led close to half the world's population to untold suffering». J.E. Stiglitz, *Whither Socialism?*, The MIT Press, Cambridge, Massachusetts, 1994, pp. ix-xii.

[75] Quizás el punto de inflexión venga representado en nuestro país por la publicación, gracias a los buenos oficios del profesor Beltrán, de mi artículo sobre «La teoría austriaca del ciclo económico», aparecido en *Moneda y Crédito*, núm. 152, marzo dc 1980 (pp. 37 55), en el que, por primera vez en castellano, se presenta un análisis basado en los triángulos que Hayek utilizó en *Precios y Producción* para explicar las crisis económicas. Sobre este tema, el profesor Lucas Beltrán me ha facilitado una carta que obraba en su archivo de correspondencia y que le remitió el 9 de septiembre de 1980 el prof. Rogelio T. Ponto, director del Departamento de Teoría Económica de la Universidad Nacional de Rosario (Argentina) y que dice así: «Sr. Profesor Lucas Beltrán. De mi mayor consideración: mucho nos agradó al abrir el n.º 152 de la Revista *Moneda y Crédito* encontrar un artículo del Profesor Jesús Huerta de Soto sobre la teoría austriaca del ciclo económico. En el mismo

la crisis de la economía keynesiana en el ámbito de la macro-economía y del paradigma neoclásico-walrasiano en el campo de la microeconomía vuelvan a dar gran ímpetu al análisis teórico integrado de todos los problemas económicos (micro y macro) que es propio de la Escuela Austriaca, retomándose así la incipiente influencia que la misma había logrado tener en nuestro país hasta justo antes de la Guerra Civil.

VI
DEL SERVICIO DE ESTUDIOS DEL BANCO URQUIJO A LA COMISARÍA DEL PLAN DE DESARROLLO: LAS CÁTEDRAS EN MURCIA, SALAMANCA Y VALLADOLID
(1954-1965)

Para entender el traslado de Lucas Beltrán de Barcelona a Madrid, hemos de remontarnos a las oposiciones convocadas en 1953 para cubrir las plazas que estaban vacantes de las cátedras de Economía en Barcelona y Murcia, y que obtuvieron, respectivamente, Sureda y Sardá. Don Lucas también se presentó a estas oposiciones y, aunque no logró plaza, impresionó muy favorablemente a los miembros del

---

vemos confirmada nuestra posición de que el pensamiento de la escuela austriaca se comienza a valorar sobre los archiconocidos 'keynesianismo' y 'monetarismo'; como también lo vemos confirmado en sus medulosas introducciones, especialmente a 'Los fundamentos de la libertad' de Federico von Hayek. Desearíamos mantener en el tiempo una relación fluida con ustedes ya que notamos la calidad científica y humana de la Revista que ustedes publican, ofreciéndoles reciprocidad, les saludamos atentamente.»

tribunal, y en especial a Ramón Carande,[76] que se fijó en las grandes cualidades del candidato y le prometió, tras las finalización de las pruebas, contactar con él para hacerle un ofrecimiento muy especial. Éste consistió en proponerle que fuera a trabajar al Servicio de Estudios del Banco Urquijo en Madrid. Don Lucas considera que esta propuesta fue, sin duda alguna, «la gran oportunidad de su vida». No es sólo que las condiciones económicas del cargo que se le ofrecía eran extraordinariamente atractivas,[77] sino que además, y sobre todo, el nuevo puesto le permitiría seguir estudiando e impartiendo clases, a la vez que le daba la oportunidad de trasladarse a la capital de España y, por tanto, a un entorno mucho más próximo a los centros en los que se tomaban las decisiones económicas más importantes. De esta manera, en 1954, don Lucas se traslada a Madrid con toda su familia.[78]

La principal misión del profesor Beltrán en el Banco Urquijo habría de consistir en la realización de estudios económicos, redacción del texto de las memorias anuales y preparación de la parte económica de los discursos del presidente y del resto de los principales gestores del Banco. Sus condiciones de trabajo eran muy ventajosas. Tenía completa libertad y muchos medios y tiempo para estudiar, realizar investigaciones,

---

[76] Sobre Ramón Carande, debe verse el cap. XXI de este libro, pp. 267 272.

[77] Don Lucas recuerda que su salario en el Banco Urquijo comenzó siendo de 8.000 pesetas al mes, cifra muy generosa para la época.

[78] Poco tiempo antes habían nacido sus hijos, Josefina en 1950, licenciada en Derecho y actualmente importante funcionaria del Ministerio de Comercio; Lucas, nacido en febrero de 1952 y que, tras licenciarse como ingeniero agrónomo, pasó a prestar sus servicios en la Generalitat de Cataluña; y Miguel, nacido en septiembre de 1954, y que se licenció en geografía e historia. Josefina y Miguel viven actualmente con su padre en su domicilio de Madrid.

publicar y continuar con la preparación de sus oposiciones a cátedra. Además, el ambiente intelectual del Banco era muy bueno. Así, por ejemplo, se había organizado un sugestivo y fructífero seminario de economía, al que asistían, entre otros, y aparte de don Lucas, José Antonio Muñoz-Rojas, Gonzalo Anes, José María Naharro, Gonzalo Pérez de Armiñán, Xavier Zubiri, Emilio Gómez Orbaneja, José Castañeda, Alberto Oliart y, más adelante, José T. Raga.[79] Todo ello en el entorno de gran libertad intelectual que tradicionalmente había sabido amparar el Banco Urquijo y, en particular, su presidente D. Juan Lladó. Por otro lado, el Banco Urquijo patrocinaba la edición de una importante revista especializada de economía, *Moneda y Crédito*, que había sido fundada por Manuel Halcón, en junio de 1942 y alcanzó gran difusión y prestigio, logrando aglutinar e incluir entre sus colaboradores a los economistas más prometedores de varias generaciones; así, gracias a esta revista sus investigaciones, artículos y trabajos sobre economía teórica, historia de la economía y economía española nunca cayeron en el olvido por falta de publicación. Don Lucas colaboró intensamente en la revista *Moneda y Crédito*, de la que fue director durante varios años.

---

[79] Aparte de este seminario informal, ocasionalmente se organizaban otros más formales, como el Seminario de Hacienda Pública de la Sociedad de Estudios y Publicaciones que, bajo la dirección de Lucas Beltrán y de Alberto Oliart, impulsó diversos trabajos de interés. Entre ellos destacan el que dio lugar a la publicación del libro *Influencia del sistema tributario sobre las dimensiones de las empresas españolas* (Sociedad de Estudios y Publicaciones, Madrid 1966) y que se elaboró a partir de las colaboraciones presentadas en el seminario del curso de 1964-1965; y otro dedicado al análisis del *Gasto público en España*, fruto del seminario desarrollado durante el curso 1965-1966, también dirigido por Lucas Beltrán y Alberto Oliart (publicado por la Editorial Moneda y crédito, Madrid 1967).

Desde la atalaya del Servicio de Estudios del Banco Urquijo, el profesor Beltrán pudo seguir de cerca las vicisitudes de la puesta en marcha, así como los beneficiosos efectos, del Plan de Estabilización de la Economía Española, iniciado gracias a los impulsos de los ministros Navarro Rubio y Ullastres, que entraron en el gobierno el 25 de febrero de 1957 asesorados por economistas del prestigio de Juan Sardá, a la sazón en el Servicio de Estudios del Banco de España, Manuel Varela, César Albiñana, Enrique Fuentes Quintana y otros. En suma, lo que el Plan de Estabilización pretendió fue llevar a cabo una reforma liberalizadora de la economía autárquica española, sin duda inspirada en el Plan de Liberalización que, tan sólo diez años antes, en 1948, Ludwig Erhard, contra todo prognóstico, había sacado adelante con tanto éxito en la Alemania Federal, dando lugar al *Wirtschaftswunder* o «milagro económico» alemán.[80] Aunque el Plan de Estabilización español fue muy positivo para la economía nacional, no pudo completar ni de lejos las cotas de liberalización del Plan alemán y, en pocos años, quedó enredado en los mitos de la «planificación indicativa» desarrollada por los «tecnócratas» del régimen a través de la Comisaría General del Plan de Desarrollo.

También durante esos años don Lucas pudo culminar uno sus sueños más ilusionantes: el de llegar a ser catedrático. En

---

[80] El libro de Ludwig Erhard, en el que se describen con detalle las vicisitudes del Plan de Liberalización alemán, fue publicado en Alemania en 1957 con el título de *Wohlstand für alle* y fue traducido al castellano por Enrique Tierno Galván y publicado, con un Prólogo de Jesús Prados Arrarte, con el título de *Bienestar para todos,* Ediciones Omega, Barcelona 1961 (nueva edición en Unión Editorial, Madrid 1989). Muy recientemente se ha publicado una recopilación de todos los artículos e intervenciones de Erhard, titulada *Deutsche Wirtschaftspolitik: Der Weg der Sozialen Marktwirtschaft,* Econ Verlag, Düsseldorf y Viena 1992, 638 páginas.

efecto, el 7 de julio de 1957 (día de San Fermín) don Lucas logró la cátedra de Economía Política y Hacienda Pública de la Universidad de Murcia, tras unas oposiciones enjuiciadas por un tribunal presidido por Luis Olariaga Pujana, y en las que también obtuvo una plaza el profesor Gonzalo Pérez de Armiñán.[81] Don Lucas presentó estas oposiciones un trabajo de investigación sobre las haciendas locales, que después fue parcialmente publicado con el título de *La teoría de las haciendas locales*.[82] Pocos meses, sin embargo, estuvo don Lucas como catedrático en la Universidad de Murcia,[83] pues en seguida sale a concurso la plaza de Salamanca, que había dejado vacante Julio Tejero y que logra sin dificultad el profesor Beltrán. El paso por Salamanca fue de nuevo efímero, al conseguir don Lucas, en 1959 y también por concurso, la cátedra de Economía Política y Hacienda Pública de la Universidad de Valladolid, en donde profesó, esta vez ya con continuidad, hasta 1965.

Los años en que don Lucas pasó por la Universidad de Valladolid fueron muy fructíferos. Contaba con varios ayu-

---

[81] Aparte de Luis Olariaga, constituyeron el tribunal de estas oposiciones los profesores Álvarez de Cienfuegos, Naharro Mora, Sebastián Herrador y Fabián Estapé. Los detalles de estas oposiciones me han sido relatados por el profesor José Luis Pérez de Ayala que, con 27 años de edad, también se presentó a las mismas, aun a sabiendas de la imposibilidad de lograr una plaza, pero con el deseo de adquirir experiencia presentándose a unas oposiciones a las que concurrían profesores que, como Lucas Beltrán y Gonzalo Pérez de Armiñán, entonces ya gozaban de un gran prestigio académico.

[82] Lucas Beltrán Flórez, «La teoría de las haciendas locales», *Anales de Economía*, diciembre de 1951, pp. 413-443.

[83] A pesar del poco tiempo que pasó en Murcia, don Lucas pudo allí publicar un interesante artículo, «La política de descuento», *Anales de la Universidad de Murcia*, vol. 16, n.º 3-4, curso 1957-1958, pp. 213-233.

dantes, algunos de ellos de gran valía, como Ángel de Huarte, Manuel Martín González y, sobre todo, Jesús Martín Niño, hoy catedrático de la Universidad Autónoma de Madrid.[84] Mientras don Lucas fue catedrático en Valladolid él y su familia siguieron viviendo en Madrid: todos los domingos por la noche viajaba en tren a Valladolid y allí pernoctaba en un hotel de lunes a miércoles, en que de nuevo regresaba a Madrid.[85] Algunas veces volvía en el coche de alguno de sus distinguidos compañeros, como por ejemplo, Eduardo García de Enterría, catedrático de Derecho Administrativo, o José Girón Tena, profesor de Derecho Mercantil. Fruto de estos años en Valladolid es el libro *Hacienda pública: Derecho fiscal*, publicado por don Lucas en dos ediciones en 1961 y 1962;[86] una tercera edición aparece en 1965, con el nuevo título de *Lecciones de Derecho fiscal*, reeditada tres años después en 1968,[87] pasando finalmente a denominarse, en la quinta edición, publicada en 1974, *Manual de Hacienda pública española*.[88]

También de este periodo data la publicación de la que quizá sea la obra más importante de Lucas Beltrán, su *Historia de las doctrinas económicas*. Este trabajo, cuyo precedente inmediato fue

---

[84] Véase el cap. XXV de este libro en donde se incluye el «Prólogo» que Lucas Beltrán escribió para la obra de Jesús Martín Niño «La Hacienda Española y la Revolución de 1868» (pp. 282-290).

[85] Don Lucas, para hacer frente a sus gastos de estancia y manutención durante los días que pasaba en Valladolid dando sus clases, se gastaba prácticamente la totalidad de su sueldo como catedrático, que entonces ascendía a unas 3.000 pesetas al mes.

[86] Lucas Beltrán, *Hacienda pública: derecho fiscal*, Editorial Lex Nova, Valladolid, 1ª edición de 1961 y 2ª edición de 1962.

[87] Lucas Beltrán, *Lecciones de derecho fiscal*, Editorial Lex Nova, Valladolid 1965 y 1968.

[88] Lucas Beltrán, *Manual de hacienda pública española*, Editorial Lex Nova, Valladolid 1974.

el libro sobre *Economistas modernos* publicado en 1951, se completa a partir de una serie de apuntes sobre historia del pensamiento económico que don Lucas facilitaba a sus alumnos de la Universidad de Barcelona, incorporando además toda una nueva serie de capítulos ya redactados en la Universidad de Valladolid. La primera edición se publica a instancias de Jaime Vicens Vives en diciembre de 1960[89] y alcanza un éxito resonante, convirtiéndose en el texto estándar español sobre la historia del pensamiento económico y siendo sucesivamente reeditada en tres nuevas ocasiones. En este libro don Lucas no sólo trata de una manera omnicomprensiva, pero a la vez breve, sintética, muy precisa y siempre extraordinariamente amena a los principales protagonistas de nuestra Ciencia, sino que además, y siguiendo la posición revisionista iniciada por J.A. Schumpeter en su *Historia del análisis económico*,[90] da una

---

[89] Lucas Beltrán, *Historia de las doctrinas económicas*, Editorial Teide, Barcelona, 1.ª edición 1960, 2.ª edición 1970, 3.ª edición 1978 y 4.º edición 1989. En el prólogo de este libro don Lucas hace una enumeración de los que podrían ser «su escuela» de principales discípulos y amigos, a los que generosamente agradece su ayuda y que en la última edición de 1989 son los siguientes: «En primer lugar los desaparecidos: Jaime Vicens Vives que nos sugirió la idea de escribir este libro, José Álvarez de Cienfuegos, Ramón Carande, Juan Bautista Solervicens, Miguel Paredes y José María Guitián. Y entre los vivos, a Julio Tejero, José María Naharro, José Antonio Rubio, Juan Sardá, Juan Echevarría, Fabián Estapé, Ramón Trías, Mariano Sebastián, José Luis Pérez de Ayala, Gonzalo Anes, Gloria Begué, Pedro Schwartz, Manuel Jesús González, Francisco Simón Segura, Gabriel Tortella, Rafael Rubio de Urquía, Carlos Rodríguez Braun, Jaime Carvajal, Gabriel Solé Villalonga, Juan Lladó Urrutia, Javier Irastorza, Julián Alienes, Salvador Millet, Federico Rahola, Juan Eugenio Morera, Ángel de Huarte, Jesús Martín Niño, Carlos Grau, José Raga, Ana Yábar, Jesús Ruiz Huerta, Juan Gimeno, Francisco Cabrillo, Jesús Huerta de Soto y José Villacís.»

[90] Joseph Alois Schumpeter, *Historia del análisis económico*, versión española por Manuel Sacristán, José A. García Durán y Narcis Serra, con un prólogo de Fabián Estapé, Editorial Ariel, Barcelona, 3.ª edición, junio de 1994.

importancia reforzada a los autores previos a Adam Smith y en concreto a los escolásticos de nuestro Siglo de Oro.[91] Aunque son innumerables los elementos y facetas de gran valor en esta pequeña joya de don Lucas que es su *Historia de las doctrinas económicas*, podemos, por vía de ejemplo, resaltar su tratamiento de los mercantilistas españoles, y en particular de Miguel Caxa de Leruela, precursor de Turgot en más de cien años enunciando la ley de los rendimientos decrecientes; su análisis de los economistas de la Escuela de Salamanca y de los seguidores españoles de Adam Smith; su referencia a Jaime Balmes[92] como el precedente español de Carl Menger en la

---

[91] Esta revisión se ha visto confirmada por diversos estudios posteriores, que han puesto de manifiesto cómo Adam Smith, lejos de ser el padre fundador de nuestra Ciencia, tan sólo puede entenderse como un desviacionismo o regresión de origen calvinista-protestante que hizo tabla rasa con siglos anteriores del pensamiento económico al introducir una teoría objetiva del valor que fue, en última instancia, precursora de los dogmas marxistas. Esta tesis es ponderadamente comentada por don Lucas en su artículo sobre «El nacimiento de la Economía Política: el bicentenario de Adam Smith», publicado en *Economía y libertad*, Editorial Tecnos, Madrid 1978, pp. 56-57. Otro gran trabajo muy reciente que ha desarrollado *in extenso* esta perspectiva es el de Murray N. Rothbard, publicado en dos volúmenes con el título de *An Austrian Perspective on the History of Economic Thought: Economic Thought before Adam Smith* (vol. I) y *Classical Economics* (vol. II), Edward Elgar, Aldershot, Inglaterra, 1995.

[92] La aportación de Jaime Balmes está incluida en su notabilísimo artículo publicado el 7 de septiembre de 1844, con el título de «Verdadera idea del valor o reflexiones sobre el origen, naturaleza y variedad de los precios», *Obras completas*, vol. V, B.A.C., Madrid 1949, pp. 615-624. Balmes, sin embargo, fue a su vez precedido en la enunciación de la ley de la utilidad marginal por el grupo inglés de economistas subjetivistas que, encabezados por Samuel Bailey y Nassau Senior, se opusieron al objetivismo ricardiano y retomaron la tradición continental subjetivista hasta que la misma fue de nuevo arrumbada en Inglaterra por el confuso Stuart Mill. Entre ellos destaca William Foster Lloyd, que expuso el principio de la utilidad marginal al menos 7 años antes que Balmes en sus *Lectures on Population, Value,*

exposición del principio de la utilidad marginal; y, en suma, su detallado estudio de las ideas económicas en el mundo español e hispanoamericano de los siglos XIX y XX, así como de las aportaciones de von Mises y Hayek, y la de los teóricos contemporáneos de la revitalizada escuela neo-austriaca. Finalmente, durante este periodo se publican otros trabajos importantes de don Lucas. El primero es un artículo sobre «La definición de la curva de la demanda», que apareció en el *Homenaje a D. Ramón Carande*.[93] En este trabajo, don Lucas comenta y critica la posición revisionista de Friedman sobre la curva de demanda marshalliana y, siguiendo a Leland Yeager, concluye que la curva de la demanda «no es un ser real. No existe en el mundo un ente así llamado. Algunos seguidores de Friedman parecen suponer que es algo que existe realmente y que conviene tener una idea exacta y no una idea inexacta de cuáles son sus propiedades. Todo ello significa un grave error de lógica y de metodología.»[94] La referencia que don Lucas hace a los errores metodológicos de Friedman, demasiado influido por las más ingenuas versiones del «cientismo» y del positivismo lógico, era muy pertinente y, de hecho, el propio

Poor-Laws, and Rent (1837). Véase Richard M. Romano, «William Foster Lloyd: a Non-Ricardian?», *History of Political Economy*, n.º 9, otoño de 1977, pp. 412-441, y Emil Kauder, *A History of Marginal Utility Theory*, Princeton University Press, Princeton 1965, pp. 38-41.

[93] Lucas Beltrán Flórez, «La definición de la curva de la demanda», en *Homenaje a D. Ramón Carande*, Sociedad de Estudios y Publicaciones, Madrid 1963, vol. II, pp. 23-46.

[94] Lucas Beltrán, «La definición de la curva de demanda», ob. cit., pp. 46-47. En otro lugar, he demostrado por qué en nuestra Ciencia no existen funciones, ni de oferta ni de demanda ni de ningún otro tipo. Véase Jesús Huerta de Soto, «Estudio preliminar» a la 16.ª edición española de Ludwig von Mises, *La acción humana: tratado de economía*, ob. cit., especialmente las pp. xliv-xlvii.

Hayek se ha referido en diversas ocasiones a cómo, después de la *Teoría general* de Keynes, el libro que más ha perjudicado la formación de toda una generación de economistas y más daño ha hecho en la evolución reciente de nuestra Ciencia ha sido, sin duda alguna, el de *Ensayos sobre economía positiva* de Milton Friedman.[95] En segundo lugar, y también en 1963 se publica bajo los auspicios de don Lucas, la importante obra en dos volúmenes titulada *La economía de mercado*, que recopila una versión española de los artículos más significativos que en defensa de la economía de mercado habían venido apareciendo en el anuario alemán *Ordo*. De esta forma, y por primera vez en nuestro país, se ponen a disposición de los intelectuales españoles una brillante serie de artículos de Hayek, Villey, Popper, Röpke, Machlup, Eucken, Müller-Armack y Lutz que, dirigidos todos ellos a fundamentar el sistema de libertad de empresa, habrían de tener un hondo impacto.[96] Por último, los años de la cátedra en Valladolid fueron igualmente fructíferos en otro aspecto importante. Y es que durante los mismos don Lucas comenzó a interesarse por los efectos que tendría sobre la economía española su eventual integración en la Comunidad Económica Europea. Fruto de este interés, destaca, en primer lugar, su libro sobre *La construcción naval*

---

[95] «One of the things I often have publicly said that one of the things I most regret is not having returned to a criticism of Keynes' treatise, but it is as much true of not having criticized Milton Friedman's *Essays in Positive Economics*, which in a way is quite as dangerous a book.» F.A. Hayek, *Hayek on Hayek*, ob. cit., p. 145.

[96] Lucas Beltrán (ed.), *La economía de mercado*, vol. I por Walter Eucken, Alfred Müller-Armack, Heinrich von Stackelberg, Wilhelm Röpke, Fritz Machlup y Friedrich A. Lutz; vol. II por F.A. Hayek, Daniel Villey, Karl Popper, Wilhelm Röpke, Fritz Machlup y Milton Friedman, Sociedad de Estudios y Publicaciones, Madrid 1963.

española y la integración económica europea.[97] Pero las principales ideas de don Lucas sobre este tema no culminarían hasta la elaboración de su discurso de recepción como miembro correspondiente de la Academia de Ciencias Económicas y Financieras de Barcelona, que fue leído en la misma el 18 de febrero de 1966 y posteriormente publicado con el título de *La integración económica europea y la posición de España.*[98]

VII
UN PARÉNTESIS DE RESPONSABILIDADES POLÍTICAS
(1966-1970)

En paralelo con sus trabajos sobre la integración económica europea don Lucas prestó una creciente atención al análisis de los planes de desarrollo que a la sazón comenzaron a elaborarse en España, siguiendo la corriente de «planificación indicativa» que tan de moda se había puesto en Francia.[99]

---

[97] Escrito en colaboración con Rafael Vega Sanz y publicado bajo los auspicios de «Estudios Económicos Españoles y Europeos», Madrid 1959. Veinte años después, el profesor Santos Pastor Prieto volvería a tratar el mismo tema en su artículo «Construcción naval: veinte años después», incluido en el *Homenaje a Lucas Beltrán*, ob. cit., pp. 487-502.

[98] Lucas Beltrán, *La integración económica europea y la posición de España*, Editorial Tecnos, Madrid 1966. La última vez que don Lucas ha tratado el tema de la integración económica europea ha sido en su artículo sobre «España y el mercado común europeo», que fue presentado en la Reunión General de la Mont Pèlerin Society que tuvo lugar en Berlín en septiembre de 1982 y publicado posteriormente en el anuario *Ordo*, n.º 34, 1983, pp. 157-168 (incluido como cap. III de este libro, pp. 59-73).

[99] Hoy la llamada «planificación indicativa» felizmente ha caído en desuso y está prácticamente relegada al olvido, debiéndose recordar que son precisamente los mismos argumentos teóricos qe explican la imposibi-

Como resultado de este interés se publica en 1965 el libro *Explicación del Plan de Desarrollo*, preparado por el Servicio de Estudios del Banco Urquijo bajo la dirección del profesor Lucas Beltrán.[100] Este libro llamó poderosamente la atención de Laureano López Rodó,[101] que entonces era Comisario del Plan de Desarrollo, y, previendo el pase al Ministerio de Industria del hasta entonces Secretario General del Plan, Tomás Galán Argüello, se aproximó a don Lucas para ofrecerle el puesto de la Secretaría General del Plan que quedaba vacante. Don Lucas fue en un principio muy renuente a aceptar el cargo que se le ofrecía. Sin embargo, ante la insistencia de López Rodó

---

lidad del socialismo los que impiden que la planificación indicativa pueda llegar a cumplir sus pretendidos objetivos de «ordenar» e «impulsar» mejor una economía de mercado. En este sentido, debe traerse aquí a colación el trabajo estándar de crítica a la planificación indicativa que debemos a Vera Lutz, *Central Planning for the Market Economy: An Analysis of French Theory and Experience*, Longmans, Londres 1969. Y también Jesús Huerta de Soto, *Socialismo, cálculo económico y función empresarial*, Unión Editorial, Madrid 1992, pp. 32, 45 y 87-155.

[100] *Explicación del Plan de Desarrollo*, Servicio de Estudios del Banco Urquijo, bajo la dirección de don Lucas Beltrán, catedrático de Economía y Hacienda, Colección Flores de Lemus, Sociedad de Estudios y Publicaciones, Madrid 1965 (181 páginas)

[101] También influyó muy favorablemente en López Rodó el artículo publicado por don Lucas en el periódico *Informaciones* el 29 de junio de 1965, y en el que se ponía de relieve cómo «el factor trabajo había sido el más beneficiado en el primer año del Plan: la participación en la renta nacional pasó del 53,4% en 1963 al 55,1% en 1964. Consecuencia del alza de las rentas del trabajo ha sido el aumento de la producción de bienes de consumo duradero: la de televisores ha alcanzado un incremento del 40%; la de frigoríficos, el 75%; la de lavadoras, el 37%; y la de automóviles, el 48%». Véase en este sentido Laureano López Rodó, *Memorias*, editorial Plaza y Janés y Cambio 16, vol. I, Barcelona 1990, p. 530.

y los propios deseos del Banco Urquijo[102] de que aceptara este puesto, acabó cediendo y dando su aprobación. De esta manera, en julio de 1966, don Lucas es nombrado Secretario General del Plan de Desarrollo,[103] en donde prestará sus servicios hasta la «crisis del asunto Matesa», que tuvo lugar en octubre de 1969. Durante este periodo el profesor Beltrán fue uno de los protagonistas en la toma de las decisiones más importantes en materia económica de nuestro país. Además, y como señala el propio López Rodó, hay que recordar que

---

[102] Es preciso señalar que el Banco Urquijo facilitó enormemente el paso de don Lucas a la política durante estos años, al aceptar seguir manteniéndole su sueldo de activo mientras estuviera excedente prestando sus servicios al Plan. Por otro lado, tampoco hay que ocultar que el régimen que don Lucas mantenía como catedrático de la Universidad de Valladolid (pasando los tres primeros días laborales de cada semana fuera de su casa en Madrid) no era bien visto del todo por parte de los gestores del Banco Urquijo. Además, es comprensible que la familia de don Lucas, y en especial su esposa Montserrat, añorasen para él un trabajo que le evitase pasar tanto tiempo fuera de Madrid.

[103] Veamos cómo López Rodó explica, con sus propias palabras, el nombramiento de don Lucas: «También le informé (al General Franco) que el ministro de Industria, López Bravo, tenía interés en nombrar director general de su departamento a Tomás Galán Argüello, Secretario General de la Comisaría del Plan de Desarrollo. Yo había accedido a cederle este valioso colaborador para el que solicité la Gran Cruz del Mérito Civil por su eficaz labor en las tareas de la programación económica. Franco aceptó mi propuesta y dio su conformidad al paso de Galán al Ministerio de Industria. Para cubrir su vacante le propuse a Lucas Beltrán Flórez, catedrático de Economía Política de la Universidad Complutense, y me autorizó a llevar la propuesta de nombramiento al siguiente Consejo de Ministros.» Laureano López Rodó, *Memorias: años decisivos*, vol. II, editorial Plaza y Janés y Cambio 16, Barcelona 1991, p. 58. Es evidente el anacronismo que López Rodó desliza en esta cita al referirse a don Lucas como «catedrático de la Universidad Complutense», cuando por entonces don Lucas era catedrático de la Universidad de Valladolid, no llegando a ocupar la cátedra en Madrid hasta más de cuatro años después.

la Comisaría del Plan «constituyó un gran centro de diálogo a escala nacional, donde se discutían los problemas más candentes de la vida social y económica, se contrastaban las necesidades y previsiones de cada sector de la producción y se establecían las directrices para su evolución y reestructuración adecuadas. El equipo de la Comisaría del Plan de Desarrollo y sus colaboradores y consultores fueron mayoritariamente profesionales, entre ellos veintitrés catedráticos de Universidad de distintas disciplinas económicas. La etapa de los «profesionales de la política» cedió entonces el paso a la política de los profesionales... Al correr del tiempo, del equipo inicial de primer Plan de Desarrollo y del conjunto de personalidades que participaron en su elaboración habrían de salir dieciséis ministros, dos de ellos vicepresidentes del gobierno y un vicepresidente del Congreso de los Diputados. De los equipos que elaboraron el segundo y el tercer Plan salieron otros catorce ministros, un vicepresidente del Senado y un presidente del gobierno de la monarquía.»[104]

---

[104] Laureano López Rodó, *Memorias*, vol. I, editorial Plaza y Janés y Cambio 16, Barcelona 1990, pp. 314-315. Los profesores que menciona López Rodó y que protagonizaron el Plan fueron los siguientes: César Albiñana y García-Quintana, Ángel Alcaide Inchausti, José Ramón Álvarez Rendueles, Gonzalo Arnaiz Vellando, el propio Lucas Beltrán Flórez, Agustín Cotorruelo Sendagorta, Fabián Estapé Rodríguez, Enrique Fuentes Quintana, Alfonso García Barbancho, Javier Irastorza Revuelta, José Ramón Lasuén Sancho, José María Lozano Irueste, Carlos Otero Díaz, Luis Ángel Rojo Duque, José Luis Sampedro Saez, José Ángel Sánchez Asiaín, Juan Sardá Dexeus, Mariano Sebastián Herrador, Gabriel Solé Villalonga, Ramón Tamames Gómez, Manuel Torres Martínez, Manuel Varela Parache y Juan Velarde Fuertes. Que el esfuerzo realizado por estos distinguidos economistas, para «prever las necesidades y previsiones de cada sector de la producción y establecer las directrices y la reestructuración adecuada a los mismos» pudiera tener alguna virtualidad es, por las razones apuntadas en la nota 99 anterior, más que dudoso. Otra cosa es que, como

No es posible ocultar que existe una cierta contradicción entre estos años en los que don Lucas asumió importantes responsabilidades en la máxima oficina de planificación indicativa de nuestro país y su clara trayectoria liberal a favor del orden espontáneo del mercado y de la economía de libre empresa. Por un lado, es evidente que el Plan de Desarrollo se desenvuelve en España a imagen y semejanza de la planificación indicativa francesa,[105] tan imbuida de ese exagerado espíritu de racionalismo cartesiano que es propio del país vecino, y que tanto han criticado Hayek y otros liberales por servir a menudo de coartada al intervencionismo socialista. En nuestra opinión, aparte del error teórico ya demostrado de pensar que una planificación de tipo indicativo pueda tener algún efecto beneficioso en el desarrollo espontáneo de una economía de mercado, de la confusión e ineficiencia que genera toda planificación indicativa, especialmente cuando los agentes económicos se la toman en serio, y de los costes de todo tipo en los que se incurrió al crear con motivo del Plan una nueva e innecesaria oficina burocrática, puede aceptarse

---

decimos más adelante, en la medida en que la discusión entre los distintos participantes en el Plan se plasmara en alguna medida liberalizadora, ésta influyera positivamente en la ordenación espontánea de la economía de mercado española.

[105] Por ejemplo, Laureano López Rodó recuerda en sus *Memorias* cómo, en los primeros días de enero de 1967, recibió «una carta de fecha 30 de diciembre de 1966 del nuevo comisario general del Plan francés, Ortoli, que invitaba a una reunión a personas que trabajaban en los organismos de planificación de los principales países de Europa para conocer mejor los procedimientos y técnicas empleados por unos y otros e intercambiar experiencias. En mi respuesta, el 16 de enero, le expresé mi agradecimiento por su iniciativa y le di los nombres del comisario adjunto (Mortes), del secretario general de la Comisaría (Beltrán Flórez) y del jefe del Gabinete de Estudios (Irastorza) para que participaran en dicha reunión.» Laureano López Rodó, *Memorias: años decisivos*, vol. II, ob. cit., p. 133.

que, en la medida en que el intercambio de opiniones entre los diferentes especialistas lograra plasmarse en alguna medida liberalizadora de la economía española (completamente autárquica hasta el Plan de Estabilización y fuertemente intervenida a partir de él) no dejaría de tener algún efecto positivo impulsando algo nuestra lenta y difícil marcha hacia una verdadera economía de mercado que, ni siquiera hoy, se ha podido completar en nuestro país. En todo caso, si a algo hay que achacar el «milagro económico español» de los años sesenta, no es a los sucesivos Planes de Desarrollo, sino más bien a las tímidas e incipientes medidas liberalizadoras e integradoras de nuestra economía en el ámbito mundial que se tomaron durante esos años, así como al efecto positivo de la emigración de nuestra mano de obra a Europa y que sirvió para ocultar los graves problemas de desempleo que generaban (y aún hoy generan) las grandes rigideces que el régimen franquista había impuesto en nuestro mercado laboral y que han perdurado hasta hoy en que España escandalosamente se mantiene por el volumen de su desempleo (muy superior al 20 por ciento de la población activa) a la cabeza de todos los países de la OCDE.

Don Lucas nos ha indicado que sus relaciones con Laureano López Rodó fueron excelentes, recibiendo siempre de él el mejor trato. Además, recuerda algunas anécdotas de gran interés que ayudan a comprender el funcionamiento del régimen político de aquella época. Así, por ejemplo, refiere cómo, con ocasión de una audiencia en la que fue recibido por Franco, éste dedicó casi una hora a criticar los objetivos, contenido y organización del Plan de Desarrollo, a todo lo cual don Lucas trató de contestar detalladamente de la mejor manera que pudo. Tras la reunión, muy azorado, le relató a López Rodó la posición fuertemente crítica que Franco había adoptado hacia el Plan en la audiencia, a lo que López Rodó, mejor conocedor de la peculiar forma de ser del General, le contestó tranquilizador que «no se preocupase, pues esa postura crítica era una táctica habitual de Franco, que tenía como finalidad, aparte de ver cómo se defendía su interlocutor, el recopilar todos los argumentos posibles que le expusiese don Lucas para utilizarlos cuando más adelante fuera menester frente a los verdaderos críticos que pudiera tener el Plan.»

La actividad política de don Lucas habría de continuar tras la crisis ministerial que se produjo en octubre de 1969. En efecto, al cesar como Secretario General del Plan de Desarrollo, es nombrado Presidente del Sindicato Vertical de la Enseñanza y procurador en Cortes, en representación del Sindicato de la Enseñanza Privada, cargos que ocupó desde 1969 hasta 1971, en que al tomar posesión de la plaza de catedrático en la Universidad Complutense de Madrid, abandona completamente la política.[106]

---

[106] Durante este periodo, don Lucas, como es lógico, estuvo excedente de su cátedra en la Universidad de Valladolid, si bien no dejó de tener contactos esporádicos con la universidad como, por ejemplo, su participación en 1966 en el tribunal que enjuició la tesis doctoral de José T. Raga, actualmente Rector de la Universidad San Pablo-CEU, que versó sobre el *Crecimiento de la base económica en el país valenciano: análisis estructural dinámico* y fue dirigida por el profesor Trías Fargas, catedrático de la Universidad de Valencia (publicada por Editorial Moneda y Crédito, Madrid 1967, 539 páginas).

VIII

EL DEFINITIVO POSICIONAMIENTO LIBERAL, EL ACCESO A LA CÁTEDRA EN MADRID Y LA PARTICIPACIÓN EN LA SOCIEDAD MONT PÈLERIN (DESDE 1971 HASTA 1981)

El abandono de la política por parte de don Lucas coincide con su posicionamiento definitivo y sin ningún compromiso a favor del liberalismo en general y de la economía de mercado en particular. Parece como si, también en este caso, se confirmase la intuición hayekiana, según la cual el análisis teórico riguroso y la participación en cargos de responsabilidad política son incompatibles. De hecho, Hayek ha llegado a afirmar que «no creo que sean compatibles el trabajo del político y el del verdadero estudioso de la sociedad. En efecto, creo que para tener éxito como político, para llegar a ser un líder político, es casi esencial que no se tengan ideas originales sobre las cuestiones sociales, que sólo se exprese lo que sienta la mayoría.»[107]

---

[107] F.A. Hayek, «Ser economista», cap. II de *La tendencia del pensamiento económico: ensayos sobre economistas e historia económica*, volumen III de *Obras completas de F.A. Hayek*, Unión Editorial, Madrid 1995, p. 43. En sus rememoranzas autobiográficas, Hayek es aún más radical y, refiriéndose a cómo Lionel Robbins «traicionó» a la Escuela Austriaca al ser seducido por Keynes en su trabajo para el Gobierno Británico después de la Segunda Guerra Mundial, nos relata que «Lionel, who was very anti-Keynesian before the war, was more or less won over by Keynes», llegando a la conclusión de que «all economists who serve in government are corrupted as a result of serving in government and I admit even that I owe my own independence to the fact that I cleared out of every country as soon as they started using me for governmental service». F.A. Hayek, *Hayek on Hayek*, ob. cit., p. 94. En todo caso, la retractación por escrito de Robbins a favor del keynesianismo en su autobiografía intelectual publicada en 1971 fue todo menos oportuna, pues tan sólo dos años después surgía en todo el

El paso por la política sirvió, al menos, para que don Lucas pudiera acceder a la cátedra en Madrid. En efecto, gracias a los buenos oficios de Laureano López Rodó, se dotó por el gobierno una tercera plaza de catedrático de Economía Política y Hacienda Pública en la Facultad de Derecho de la Universidad Complutense de Madrid, a la que el profesor Beltrán accede por concurso en 1970.[108] De esta manera, Lucas Beltrán comienza a profesar en la Facultad de Derecho como catedrático de Economía Política a partir del curso 1971-1972. Allí irá de nuevo creando escuela, rodeándose de un grupo de jóvenes y prometedores ayudantes, entre los que destacan los que después serían catedráticos, José T. Raga, actualmente Rector de la Universidad de San Pablo-CEU, José María Guitián de Lucas (ya fallecido), Ana Yábar Sterling, hoy catedrática de Economía Política también en la Facultad de Derecho y, posteriormente, Francisco Cabrillo Rodríguez, actualmente director del Departamento de Economía Aplicada IV (Economía Política y Hacienda Pública) en la misma Facultad.[109] Aunque las clases del profesor Beltrán en la Fa-

---

mundo occidental la grave recesión inflacionaria (*stagflación*) que fue la que precisamente puso de manifiesto la falta de fundamento teórico del análisis económico keynesiano y, por contra, revalidó la teoría austriaca de los ciclos económicos desarrollada por Mises y Hayek, al que se concedió el Premio Nobel de Economía en 1974 precisamente por sus trabajos en este campo. Véase Lord Robbins, *Autobiography of an Economist*, Macmillan, Londres 1971, especialmente las pp. 152-155.

[108] La dotación de esta tercera cátedra produjo gran irritación en los catedráticos Naharro Mora y, sobre todo, Prados Arrarte, que ocupaban las dos únicas plazas previamente existentes. Las relaciones entre Prados Arrarte y Lucas Beltrán nunca fueron del todo buenas, especialmente por culpa del peculiar carácter del primero.

[109] El profesor Raga, en sus rememoranzas de esos años, me ha indicado cómo todos los mencionados ayudantes de don Lucas compartían un

cultad de Derecho de la Universidad Complutense siempre se caracterizaban por su claridad y defensa de los principios del liberalismo económico, y bajo sus auspicios se fue creando un Departamento de Economía que, en gran medida, ha sido hasta ahora uno de los más liberales y favorables a la economía de mercado que existen en nuestro país, a lo largo de los años (hasta 1981) en que desempeñó esta cátedra, siguió recomendándose con carácter mayoritario el libro de texto de Samuelson que, aunque en sus sucesivas ediciones fue suavizándose y adaptándose al paulatino triunfo de la economía liberal en el mundo, ha seguido básicamente anclado en la estrecha concepción cientista de la economía que tanto ha perjudicado al desarrollo teórico de nuestra Ciencia.[110]

En 1970, Gottfried Haberler, gran amigo de Lucas Beltrán, le invitó a asistir a la Reunión General de la Mont Pèlerin Society que tuvo lugar en Munich en septiembre de ese mismo año. La Sociedad Mont Pèlerin había sido creada en abril de 1947 por Friedrich A. Hayek e incluye en su seno a los académicos liberales más importantes del mundo. De

---

despacho en el Departamento de Economía cuya extensión no superaba los seis metros cuadrados.

[110] El profesor Lucas Beltrán era plenamente consciente de las graves insuficiencias del texto de Samuelson y en diversas ocasiones me manifestó su frustración por no haber sido capaz de encontrar un libro de texto alternativo que recogiera mejor sus ideas. Aunque yo le animé en diversas ocasiones a que recomendara la obra clásica de Mises titulada *La acción humana*, habrá que esperar hasta 1985 cuando, al entrar en su Departamento de la mano de Ana Yábar Sterling, comencé a recomendar el texto de Mises a mis estudiantes de Economía Política. Véanse, en este sentido, las detalladas críticas que efectúo a las típicas insuficiencias de los libros que, como el de Samuelson, Lipsey y otros, hasta ahora han sido considerados como textos estándar de introducción a nuestra disciplina, en mi «Estudio preliminar» a la 16.ª edición española de Ludwig von Mises, *La acción humana: tratado de economía*, Unión Editorial, Madrid 2024, especialmente las pp. xxii-xxxi.

acuerdo con los objetivos fundacionales de la Sociedad, ésta pretende agrupar a diversos intelectuales para intercambiar ideas sobre el liberalismo económico y reforzar los aspectos y principios teóricos relacionados con el mismo, estudiando cuáles son las diferentes dificultades y posibilidades de llevar a la práctica el ideal de una sociedad libre. La Sociedad Mont Pèlerin no es, por tanto, una sociedad política, sino que es tan sólo una sociedad académica de ámbito mundial compuesta hoy por unos 400 intelectuales liberales (de los que siete han sido galardonados con el Premio Nobel de Economía) y que ha tenido un papel protagonista en el resurgir del ideario liberal y en la demolición teórica del intervencionismo económico y del socialismo real que se ha verificado en todo el mundo a partir de la Segunda Guerra Mundial.[111]

El patrocinio de Haberler y el gran prestigio y contenido en general indudablemente liberal de la obra de don Lucas hicieron que fuera unánimemente admitido como miembro de esta Sociedad en la Reunión General que tuvo lugar en Montreux, Suiza, en septiembre de 1972, asistiendo posteriormente don Lucas a la mayor parte de las Reuniones Generales y Regionales de la Sociedad que han tenido lugar desde entonces.[112] Además, en estas reuniones don Lucas pudo conocer bien a los otros miembros de la Mont Pèlerin y en particular

---

[111] Sobre la Sociedad Mont Pèlerin, puede verse la reciente obra de R.M. Hartwell, *History of the Mont Pèlerin Society*, publicada por Liberty Fund, Indianápolis 1995, y en español las referencias que hago a su fundación, contenido y evolución en mi artículo «Los paladines de la libertad económica», publicado en *Lecturas de economía política*, Jesús Huerta de Soto (ed.), Unión Editorial, Madrid 1987, vol. III, pp. 204-207.

[112] En concreto, don Lucas asistió, casi siempre acompañado por su esposa Montserrat, a las Reuniones Generales que tuvieron lugar en Bruselas (1974), St. Andrews, Escocia (1976), Berlín (1982), Cambridge, Inglaterra (1984), St. Vincent, Italia (1986) y Munich (1990); así como a las Reuniones

a los escasos miembros españoles que, encabezados por los hermanos Joaquín y Luis Reig Albiol, habían mantenido activamente la representación en la Sociedad de los liberales más puros y conspicuos que trabajaban en nuestro país.[113] No es por tanto de extrañar que tras su encuentro en la Sociedad Mont Pèlerin con los hermanos Joaquín y Luis Reig Albiol, don Lucas en seguida se incorporara al seminario que sobre teoría económica austriaca y liberalismo económico éstos mantenían en el domicilio particular de Luis Reig en Madrid todos los jueves por la tarde. Este seminario fue el crisol en el que se debatieron y extendieron las ideas liberales en España durante toda la década de los setenta y parte de los ochenta. En cada una de sus reuniones se discutía un tema o artículo de teoría económica, generalmente de autores de la Escuela Austriaca y siempre de contenido liberal, y además se decidía qué obras clásicas sobre liberalismo y teoría económica austriaca habían de traducirse y publicarse en España. Uno de los participantes en estas reuniones, Julio Pascual Vicente, ha resumido la importancia que tuvo este seminario en el pensamiento liberal de nuestro país de la

---

Regionales que tuvieron lugar en Amsterdam (1977), Madrid-Salamanca (1979), Estocolmo (1981) y París (1984).

[113] La relación de miembros españoles de la Sociedad Mont Pèlerin con su correspondiente fecha de admisión es la siguiente: Magín Alfonso (1959); Francisco Gómez Martínez (1961); los hermanos Joaquín y Luis Reig Albiol, miembros desde 1965; Lucas Beltrán (1972); Julio Pascual (1974); Juan Torras Trías (1976); Pedro Schwartz (1980); Jesús Huerta de Soto (1982); Antonio Argandoña, José T. Raga y Juan J. Toribio, todos ellos admitidos en 1984; Francisco Cabrillo y Juan Torras, miembros desde 1990; y por último, Joaquín Trigo Portela, miembro desde 1992. En cuanto a los miembros más activos y representativos de la Sociedad hoy en día, son enumerados por Hartwell, *History of the Mont Pèlerin Society*, ob. cit., especialmente en las pp. 204-205.

siguiente forma: «En casa de Luis Reig, nos hemos venido reuniendo durante muchos años un grupo de unos treinta o cuarenta que, puntualmente todos los jueves, discutíamos un papel elaborado cada vez por uno. Recuerdo ahora, entre los más asiduos, a Lucas Beltrán, a Jesús Huerta de Soto, a Enrique de la Lama Noriega, a Juan Marcos de la Fuente –director de Unión Editorial, proyecto de difusión de las 'nuevas' ideas que pusimos en marcha a principio de los años setenta–; después aparecerían en escena, por cuenta propia, Antonio Argandoña y Pedro Schwartz, que venía de su larga estancia en Londres con las nuevas ideas en la cabeza. Y Rafael Martos, Evaristo Amat, Luis Guzmán, Luis Moreno, y tantos otros buenos amigos, unos académicos y otros no, pero todos ellos *economistas* en el más originario sentido del término. Y más tarde aparecería José Luis Oller, estudioso de la Escuela Austriaca y luego director de política económica de la Generalidad. Y otros preparados economistas con las mismas inquietudes que siento no poder mencionar aquí. El Instituto de Economía de Mercado, la Unión Editorial, la Asociación para la Economía de las Instituciones y la Liga para la Defensa del Individuo serán más tarde los principales focos de investigación o de difusión. Al conjunto alguien lo bautizaría como Escuela Crítica de Economía de Madrid.»[114]

Especial transcendencia tuvo la publicación en español, gracias al impulso de este grupo, de las obras más importantes de la teoría liberal. Se continuaba así la labor iniciada años antes por Joaquín Reig Albiol, pionero en la difícil tarea de publicar en la España franquista una magnífica colección de libros sobre liberalismo, democracia y economía de merca-

---

[114] Julio Pascual, «Los nuevos economistas españoles y el día en que perdí la inocencia», *El País*, jueves 17 de enero de 1980, p. 38.

do a lo largo de los años sesenta y con la financiación de la fundación creada por el financiero Ignacio Villalonga, que en su juventud había sido diputado de la CEDA por Castellón, gran amigo de la *LLiga Regionalista* de Francesc Cambó y Gobernador General de Cataluña en 1935. Las publicaciones de la Fundación Ignacio Villalonga fueron continuadas por Unión Editorial, que retomó la edición de obras como *La acción humana* de Mises (traducida por el propio Joaquín Reig), *Los fundamentos de la libertad* de Hayek (prologada en su segunda edición de 1975 por el propio Lucas Beltrán)[115] y otros libros ya clásicos de estos y otros autores «austriacos» y liberales.[116]

Fue precisamente en una de las reuniones de este seminario, que tuvo lugar por la tarde de un jueves de octubre de 1973, cuando vi por primera vez al profesor Lucas Beltrán. Acababa de ser invitado al seminario gracias a los buenos oficios de mi padre Jesús Huerta Ballester y su amigo José Ramón Canosa Penaba, y con dieciséis años cumplidos y *La acción humana* recién leída, empecé a participar asiduamente en una serie de discusiones intelectuales que habrían de tener una profunda influencia en mi formación como economista.

Desde un primer momento me llamaron poderosamente la atención las siempre atinadas consideraciones de don Lucas, la ponderación de sus juicios, sus profundos conocimientos

---

[115] La participación de don Lucas en este esfuerzo está recogida, aparte de en los libros que escribió para Unión Editorial y que comentaremos después, en los Prólogos que preparó, primero para la segunda edición castellana del libro de F.A. Hayek *Los fundamentos de la libertad*, Unión Editorial, Madrid 1975, y después para la primera edición española del libro del mismo autor sobre *Democracia, justicia y socialismo*, Unión Editorial, Madrid 1977.

[116] Hoy este importante proyecto editorial sigue en pleno vigor encarnado en las colecciones «Nueva biblioteca de la libertad» (en donde se publica el presente volumen) y «Obras completas de F.A. Hayek».

sobre la historia de las doctrinas económicas y, en general, su bondad a la hora de enjuiciar todas las posiciones y su constante esfuerzo por llegar a conclusiones adecuadas. Se fue formando así una fructífera y profunda relación que, sobrepasando los típicos nexos entre alumnos y profesores que suelen darse en los ambientes más académicos, fue consolidándose en una enriquecedora y prolongada amistad que, felizmente, ha perdurado hasta hoy.[117]

Se comprende ahora que haya sido durante estos años (y los siguientes) cuando don Lucas ha escrito sus trabajos de contenido más netamente liberal. Así, cabe destacar, en primer lugar, su obra *Economía y libertad*, que vio la luz en 1978 y en la que se recopilan los artículos más importantes que de forma dispersa había publicado hasta esa fecha.[118] Más trascendencia aún tendría la aparición en 1982 del libro *La nueva economía liberal: un horizonte para la economía española*, publicado por Unión Editorial bajo los auspicios del Instituto de Economía de Mercado, con un prólogo-presentación en el que Pedro Schwartz, director de dicho Instituto, describe a don Lucas como un «magnífico maestro de toda una generación de economistas que confían en la libertad económica como remedio de los males de España».[119] En esta obra, don Lucas repasa detalladamente la historia del neoliberalismo en el mundo, discutiendo las grandes posibilidades de la aplicación de la

---

[117] El profesor Beltrán me ha ayudado a lo largo de mi carrera académica en múltiples ocasiones, habiendo sido, además, el director de mi primera tesis doctoral en derecho que sobre los *Planes de pensiones privados* leí en febrero de 1983. Por todo ello le estoy muy agradecido.

[118] Lucas Beltrán Flórez, *Economía y libertad*, Editorial Tecnos, Madrid 1978.

[119] Lucas Beltrán, *La nueva economía liberal: un horizonte para la economía española*, Unión Editorial, Madrid 1982, p. 9.

nueva economía liberal a las realidades del mundo actual, y en concreto a las peculiares circunstancias de la economía española. Cuatro años después, en 1986, el profesor Beltrán publica otro libro, *Cristianismo y economía de mercado*, en el que de nuevo retoma el análisis del liberalismo y sus principios esenciales, esta vez relacionándolos con las exigencias morales que plantea el cristianismo y demostrando que la economía de mercado, lejos de ser contradictoria con los principios de la religión católica, es, por el contrario, el sistema económico y político más conforme con la misma. Además, don Lucas sorprendentemente plasma en su libro, como siempre de manera muy amena, clara y diáfana, muchas de las ideas que años después serán recogidas incluso en algunos de los textos pontificios más importantes.[120]También es de este periodo uno de los artículos más clásicos y paradigmáticos de don Lucas, publicado en 1985 con el título de «Liberalizar no es fácil».[121] En este trabajo se analizan los distintos proyectos de liberalización emprendidos a lo largo de la historia, desde la fracasada reforma liberal que fue intentada por Turgot en el siglo XVIII, pasando por los planes de estabilización monetaria en Europa Central después de las hiperinflaciones del periodo de entreguerras y continuando con el análisis del plan de liberalización de Erhard, que dio lugar a partir de 1948 al «milagro económico» alemán, del Plan de Estabilización español de 1957 y, finalmente, de las vicisitudes de los planes de liberalización de Thatcher y Reagan ya en los años ochenta.

---

[120] Véase, la encíclica de Juan Pablo II *Centessimus annus*, caps. IV y V.

[121] Este artículo se publicó primeramente en la *Rivista Internazionale di Scienze Economiche e Commerciali* en el n.º 2 de febrero de 1985, pp. 153-165, y después en el libro *Studi in memoria di Tullio Bagiotti*, Editorial Cedam, Padova 1988, pp. 169-179. [Este artículo se encuentra incluido en el cap. IV del presente libro, pp. 74-84.]

No se mencionan en este trabajo las graves dificultades con que se han encontrado, tras la histórica caída del muro de Berlín en 1989, los países ex-comunistas del Este de Europa, en su intento por restablecer una economía de mercado sana dentro de un verdadero Estado de Derecho. Sin embargo, la caída del socialismo real ha venido a confirmar plenamente el análisis sobre su imposibilidad que a lo largo del siglo pasado desarrollaron los economistas austriacos en general y Mises y Hayek en particular. Después de tantos años de estudios teóricos y luchas dialécticas, don Lucas está muy feliz y emocionado de haber podido ser testigo en vida del desmoronamiento de un sistema que tantos sufrimientos y decepciones ha traído al género humano.[122]

Por último, hemos de resaltar que no fueron tan sólo los problemas estrictamente económicos los que interesaron en esta época a don Lucas. Así, nunca ha olvidado su condición de catalán y la necesidad de incardinar correctamente la rica realidad catalana dentro del ámbito general de España. Fruto de sus reflexiones en este campo es su importante artículo «Seis nombres para una visión de Cataluña», que fue publicado en *La Vanguardia* de Barcelona el 2 de septiembre de 1976. Este artículo fue distinguido con el primer «Premio Aznar de Periodismo» que, dotado con 500.000 pesetas, había sido establecido para conmemorar la figura del gran periodista y diplomático español Manuel Aznar Zubigaray, que había fallecido el año antes.[123]

---

[122] Esto se reconoce hoy en día de forma generalizada incluso por los antiguos teóricos socialistas. Así, por ejemplo, Robert L. Heilbroner para el cual «Mises was right ... Socialism has been the great tragedy of this century», *Journal of Economic Literature*, vol. 28, septiembre de 1990, pp. 1097 y 1110-1111; y *The New Yorker*, 23 de enero de 1989.

IX
LOS ÚLTIMOS AÑOS
(1981-1997)

A finales del curso de 1980-1981, don Lucas cumple la edad reglamentaria de 70 años, y se jubila como catedrático de Economía Política en la Facultad de Derecho de la Universidad Complutense de Madrid. Con este motivo, sus discípulos y amigos le ofrecen un libro homenaje, que es coordinado por el profesor Raga Gil y publicado por la Editorial Moneda y Crédito en 1982.[124] En este libro participan un total de 44 profesores, entre los que se incluyen la práctica totalidad de sus discípulos e importantes profesores de Economía y Hacienda de nuestro país, así como diversos profesores de renombre internacional, como Lord Robbins, Gottfried Haberler, G.L.S. Shackle, Christian Wattrin y Hans Willgerodt, todo lo cual dice mucho del gran prestigio académico que el profesor Lucas Beltrán ha llegado a adquirir fuera de las fronteras de España.[125] Aunque es

---

[123] Manuel Aznar Zubigaray fue periodista, diplomático y director de la agencia EFE, así como asesor para temas de información del Banco Urquijo, donde labró una profunda amistad con Lucas Beltrán. Recibieron el premio, tras su concesión a don Lucas en 1976, sucesivamente Luis Calvo en 1977, Salvador de Madariaga en 1978, Manuel Blanco Tobío en 1979, Pedro Laín Entralgo en 1980, José María Alfaro en 1981 y Fernando Lázaro Carreter en 1982. El premio fue suspendido en 1982 con la llegada del PSOE al poder. La pureza y precisión de la prosa castellana de don Lucas ha sido generalmente reconocida, llegando incluso a ser nominado para la Real Academia Española.

[124] *Homenaje a Lucas Beltrán*, Editorial Moneda y Crédito, Madrid 1982 (878 páginas).

[125] Otra muestra del gran prestigio internacional del profesor Lucas Beltrán fue su nombramiento en 1981 como Académico correspondiente de la Academia Nacional de Ciencias Económicas de la República Argentina,

muy importante el contenido académico de cada una de las aportaciones de los autores que participan en este libro, a nuestros efectos son aún más significativas las continuas referencias que hacen a la trayectoria humana y personal de don Lucas.[126] Así, y por vía de ejemplo, Julio Banacloche se refiere a las grandes «virtudes humanas de señorío y bondad» que siempre han caracterizado a don Lucas;[127] Carlos Calleja Xifre menciona cómo don Lucas era capaz, desde el primer momento, de «avivar el interés por la economía de su grupo de alumnos del primer curso de la Facultad de Derecho, de forma que él fue el primero que nos habló de los autores austriacos y la teoría de la utilidad».[128] La crítica al carácter estático del paradigma neoclásico y las profundas diferencias que existen entre la concepción dinámica del proceso real de mercado y los modelos que inundan los manuales de microeconomía, es uno de los aspectos más significativos que estudia y desarrolla *in extenso* el profesor

---

habiendo sido invitado en 1983 por esta Institución para pronunciar cuatro conferencias sobre los problemas económicos argentinos y mundiales que tuvieron una gran acogida en el mundo intelectual de Buenos Aires. En este nombramiento tuvo gran influencia Andrés Bausili, amigo de don Lucas y antiguo colaborador de Cambó que emigró con él a Argentina.

[126] En las pp. 15 a 19 de este libro, se cataloga toda la obra escrita por Lucas Beltrán hasta 1981 y que asciende a 16 libros escritos aisladamente o en colaboración con otros autores; 34 artículos publicados en revistas científicas, muchas de ellas extranjeras; 5 prólogos de libros de economía y 36 notas y reseñas bibliográficas. Los artículos sueltos escritos o publicados por don Lucas con posterioridad a 1981 son básicamente los recopilados en la obra que el lector tiene entre sus manos, y ya han sido comentados individualmente en el texto de esta «Semblanza».

[127] Julio Banacloche, «La cuota en el impuesto sobre la renta», en *Homenaje a Lucas Beltrán*, ob. cit., p. 123.

[128] Carlos Calleja Xifre, «El algoritmo marginal austriaco y la demanda del consumidor», en *Homenaje a Lucas Beltrán*, ob. cit., p. 189.

José T. Raga Gil en su artículo «Proceso económico y acción empresarial», en el que se refiere a cómo la «actividad científica e investigadora del profesor Beltrán tiene un tinte cuasi carismático que irradiará, allanando obstáculos, en atracción de los que cerca de él han aprendido y a él deben ese sostenimiento en el enfoque trascendental del conocimiento y de la actividad.»[129] El profesor Ricardo Calle Saiz, por su parte, escribe que lo que «más me ha impresionado del querido maestro, profesor y amigo don Lucas Beltrán es su actitud de escaso protagonismo, de pasar inadvertido, cuando otros en su caso no hubiesen renunciado a hacer más rentables unas cualidades personales y humanas que admiro en Lucas Beltrán.»[130] Santiago García Echevarría, por su parte, indica cómo «la vida del profesor Lucas Beltrán está jalonada por la amistad, la permanente disposición a la vida universitaria y, para mí singularmente, lo que significa de una generación que tuvo sus raíces muy enraizadas en el pensamiento económico alemán y que se trata, después de muchas décadas de abandono, de volver a empalmar con esta área cultural que tantas aportaciones fundamentales ha hecho al mundo de la economía y de la sociedad. Este hito de empalme entre generaciones, y sobre todo el enlace de culturas, significa, para mí, este agradecimiento al profesor Lucas Beltrán y la admiración por su gran dimensión humanística, su gran quehacer, y su gran generosidad intelectual.»[131] Y por último, Mariano Sebastián Herrador afirma que don Lucas

[129] José T. Raga, «Proceso económico y acción empresarial», en *Homenaje a Lucas Beltrán*, ob. cit., p. 597.

[130] Ricardo Calle Saiz, «El sistema fiscal español ante la CEE», en *Homenaje a Lucas Beltrán*, ob. cit., p. 161.

[131] Santiago García Echevarría, «Incidencias de orden económico en la política empresarial», en *Homenaje a Lucas Beltrán*, ob. cit., p. 300.

Beltrán ha sido un «excelente divulgador del pensamiento económico, que en sus estudios sobre distintos economistas ha puesto no sólo claridad e inteligencia, sino también devoción y simpatía.»[132]

En suma, todos estos distinguidos profesores, compañeros y discípulos de don Lucas resaltan cómo éste ha sido capaz de culminar una vida colmada de realizaciones y aciertos en los ámbitos humano, profesional y académico, por la que puede y debe sentirse plena y felizmente orgulloso. Además, durante los últimos años, el profesor Beltrán, a pesar de su jubilación como catedrático en activo de la Universidad Complutense, ha continuado ejerciendo sin parar su actividad docente, primero como profesor de Economía Política en la Universidad de San Pablo-CEU a lo largo de los catorce cursos académicos completos que van desde su jubilación en 1981 hasta el curso 1994-1995, último que ha impartido en esa importante institución. Y después, como Profesor Emérito del Departamento de Economía Política y Hacienda Pública de la Facultad de Derecho de la Universidad Complutense de Madrid, puesto que siguió desempeñando hasta su fallecimiento. Para todos los que formamos parte de este Departamento es un gran honor que don Lucas siguiera acompañándonos e impartiendo regularmente interesantes y deliciosos seminarios sobre los más variados temas de la historia del pensamiento económico, que son siempre recibidos y comentados con gran interés, admiración y simpatía por alumnos y profesores.

Tan sólo el prematuro fallecimiento de Montserrat, la fiel y buena esposa de don Lucas en 1989, puso una nota de

---

[132] Mariano Sebastián Herrador, «El pensamiento económico de Sancho de Moncada: sus ideas tributarias», en *Homenaje a Lucas Beltrán, ob. cit., p. 732.*

nostalgia en su vida, que sin embargo se desenvolvió, hasta su fallecimiento el 4 de julio de 1997, rodeada del afecto de sus hijos, discípulos y amigos y, sobre todo, con la ilusión de continuar ofreciéndonos sus luminosas enseñanzas, su consejo de amigo y su gran humanidad esencialmente buena.

CRISTIANISMO
Y ECONOMÍA DE MERCADO

I
RELIGIÓN Y ECONOMÍA

El pensamiento religioso y el pensamiento político-económico parecen moverse en dos planos distintos. Daniel Villey ha escrito:

El Catolicismo no es una doctrina económica: es una religión. Un católico es un hombre que reza sus oraciones, que confiesa sus pecados ante un sacerdote, para que éste se los perdone en nombre de Dios; que recibe la Eucaristía, que cree que el Espíritu Santo está presente en la Iglesia Romana, y que espera el Reino de Dios. La doctrina católica enseña la Trinidad, la Encarnación, la Redención, la Presencia real, la Inmaculada Concepción de la Virgen María. Su objeto es el misterio de las relaciones del hombre con Dios, no con la sociedad. Contemplar la religión, haciendo abstracción de lo que tiene de religioso —como trató de hacerlo el siglo XIX, desde los teócratas hasta la escuela de Durkheim—, es hacer imposible su comprensión. Frente a la religión, el sociólogo puro es como un sordo que mira una danza.

Por otra parte, el cristianismo es una religión transcendentalista. Enseña la autonomía de lo espiritual respecto de las estructuras y de la historia temporal. Hay religiones teocráticas, cuyos profetas son, a un mismo tiempo, legisladores. En el Judaísmo y en el Islam, la doctrina religiosa comprende los dominios del Derecho y de la Moral. Entonces hay estructuras económicas, sociales, jurídicas *reveladas*. Se ha podido hablar de una doctrina económica de Israel. Pero el

Cristianismo no participa de esta concepción. Si, verdaderamente, respecto a la antigua Ley, que ha venido a completar, el Evangelio es una "noticia", esta consiste, en primer lugar, en un vigoroso desmentimiento de esta concepción temporal del Reino, que era la de los judíos. Estos esperaban un Mesías que restaurase la potencia de Israel: Jesús consuma su misión muriendo sobre la Cruz. El contenido del mensaje cristiano es la salvación de las sociedades.[1]

Pero, por otra parte, ha escrito Amintore Fanfani:

La doctrina católica no divide la vida práctica en compartimientos estancos. La idea de Dios y la idea del hombre, que es concebido como una criatura luchando para obtener el premio de la felicidad eterna, penetran todas las otras. En todo momento, desde su nacimiento hasta su muerte, el hombre es contemplado como buscando la realización de un "deber ser"; para conseguir esta finalidad, se le ha dado la existencia, y se han puesto a su disposición todas las cosas creadas. Dios ha de ser glorificado en cada acto humano. El hombre es un ser libre y, por consiguiente, sus acciones, aun las más triviales, son todas significativas.[2]

Estos dos textos parecen situarnos frente a una contradicción. El primero nos dice que el mundo de la Religión y el mundo de la Economía son distintos; el segundo, que el Cristianismo trata de regir o inspirar todas las acciones humanas. Muchos cristianos, en el mundo actual, tratan de resolver esta contradicción (por lo menos aparente) a fin de encontrar unas normas para su conducta personal. Hace unos años,

---

[1] "L'économie de marché devant la pensée catholique", artículo publicado en la *Revue d'Économie Politique, de noviembre-diciembre* de 1954, pp. 939-940.
[2] *Cattolicesimo e Protestantesimo nella formazione storica del Capitalismo,* capítulo V, párrafo l.

un prelado francés decía: "Transmitir el mensaje evangélico al mundo actual implica que la Iglesia tome partido sobre problemas temporales." Y un eclesiástico católico británico, en una conferencia radiada, ha declarado: "Si la ocupación de la Iglesia es estar sentada en las sacristías, contando las cuentas de su rosario e ignorando los grandes problemas del mundo, no creo que esta Iglesia sea buena para mí."

Estas dos frases parecen susceptibles de varias interpretaciones. Una consistiría en afirmar que la doctrina del Evangelio debe influir en la conducta total de los que la proclaman suya y, por lo tanto, en la vida política, económica y social. Ello parece indudable, y creemos no solo que debe influir, sino que ha influido, e influye, en forma beneficiosa. Es cierto que el Cristianismo no ha hecho del mundo un paraíso, no ha desterrado de él la miseria, el dolor y la injusticia, pero las sociedades cristianas han sido y son mejores que las precristianas. El Evangelio transformó el mundo, lo hizo mejor, y probablemente nunca se retrocederá a los niveles de crueldad y de tiranía que todos consideraban normales antes de la venida de Jesucristo.

Otra interpretación de frases como las citadas sería la de sostener que los sacerdotes y los buenos cristianos deben dedicar atención especial a los problemas de la vida pública e intervenir activamente en ellos. También esto parece aceptable, con una matización: el grado de intervención en la vida pública ha de ser potestativo para todos: un desinterés absoluto por ella no es admisible en nadie, pero la intensidad de la actuación debe determinarla cada uno de acuerdo con sus aptitudes e inclinaciones. A través de la historia, muchos eclesiásticos y pensadores cristianos han intervenido en la política, y el resultado en conjunto ha sido bueno. No todas sus actuaciones han sido acertadas, se han equivocado a veces en estos problemas complicados y opinables, como se equivocan también en ellos los no cristianos y los cristianos poco influidos por el Evangelio, pero es probable que la luz de este haya hecho sus errores menos frecuentes y menos graves. En todo caso, la responsabilidad por ellos, generalmente, ha recaído tan sólo sobre sus propios autores.

Pero, con frecuencia, frases como las mencionadas se interpretan en la forma siguiente. Es posible "deducir" del Evangelio un programa político, económico y social concreto; los cristianos deben hacerlo, y la Iglesia debe poner toda su influencia intelectual, moral y política al servicio de la realización de este programa. Esta idea nos parece equivocada y peligrosa.

Es cierto que del Evangelio se desprenden normas que han de influir en toda la conducta del hombre; la vida política, económica y social de los pueblos cristianos será distinta (de hecho lo ha sido) de la de los pueblos a los que no llegó, directa ni indirectamente, la influencia del Cristianismo·. Pero un programa parecido al de los partidos políticos no puede redactarse a base del Evangelio. Esto, es sin duda, lo que quiere expresar el texto de San Lucas (XII, 13 y 14): "Entonces le dijo uno del auditorio: Maestro, dile a mi hermano que me dé la parte que me toca de herencia. Pero Jesús le respondió: "Oh, ¡Oh hombre! ¿quién me ha constituido a mí juez o repartidor entre vosotros?" Y todos los intentos realizados para redactar un programa concreto que significara algo así como la aplicación del Evangelio a los problemas de la *civitas humana* no han logrado nada que se parezca a un consentimiento general. La realidad política, económica y social es tan compleja y variable en el tiempo que las fórmulas para regirla son siempre discutibles y quedan rápidamente anticuadas. Estas fórmulas han de referirse a los sistemas de gobierno de los Estados, a las relaciones políticas y económicas entre ellos, al régimen de la propiedad, a los sistemas sucesorios, a los métodos de producción, a los sistemas monetarios y tributarios, y a otros muchos problemas cuyo tratamiento exige considerables conocimientos técnicos. Todos los hombres pueden equivocarse frente a ellos, y todos, efectivamente, se han equivocado. Una antología de los errores de los grandes políticos y de los grandes economistas sería fácil de hacer y resultaría larga.

Que los pensadores cristianos, los sacerdotes y los obispos se equivoquen al enfrentarse con estos problemas y al tratar de darles determinadas soluciones no significa ningún grave daño: son hombres como los demás y, como ellos, pueden errar. Pero que la Iglesia hiciera suyo un programa concreto y pusiera toda su fuerza detrás de él, sería arriesgado: el programa podría dar malos resultados, y la responsabilidad podría ser atribuida no a unos hombres determinados, sino a la propia Iglesia y a su misión.

El recuerdo del proceso de Galileo debería ser para esta constantemente aleccionador. Es cierto que la verdad histórica de este proceso ha sido con frecuencia deformada; pero no es menos cierto que el sabio italiano, por haber negado, en su libro *Diálogo sobre los dos sistemas máximos del mundo,* que la tierra fuera inmóvil y que los cuerpos celestes girasen a su alrededor, fue citado a comparecer ante el Santo Oficio de Roma, y que éste le condenó a retractarse solemnemente y a prisión. Galileo accedió a retractarse, y aunque su condena a prisión fue cumplida en forma más bien simbólica, fue cumplida y duró nueve años, hasta el fin de su vida. Y asimismo es cierto que la frase con que se dice se retractó, a media voz, de su retractación, *E pur si muove,* ha entrado en el lenguaje universal, y ha sido repetida millones de veces en los tres últimos siglos, casi siempre con espíritu de hostilidad hacia la Iglesia.

El recuerdo de aquella sentencia –que posiblemente fue popular cuando se dictó– debería servir de aviso permanente. Un programa político y económico, tal vez elaborado por hombres eminentes, al que la Iglesia diera una especie de apoyo oficial, podría muy bien ser popular al principio, dar malos resultados en la práctica, y hacer, en definitiva, un daño comparable al que hizo y hace el recuerdo del proceso de Galileo.

II
CONSIDERACIONES PREVIAS A LA DECISIÓN DEL CRISTIANO

La Iglesia católica y las demás iglesias cristianas no deben ligarse a ningún programa económico. Pero el cristiano –cada uno de los cristianos– tiene la obligación moral de contribuir, dentro de sus posibilidades, al bien de los hombres y, por lo tanto, a la buena marcha del mundo. Esta obligación será más o menos grave, según la situación y la inteligencia de cada uno. Para el hombre moderno que haya alcanzado cierto desarrollo intelectual, esta obligación incluirá probablemente la de escoger un determinado sistema político, económico y social y propugnarlo.

Hoy, un buen número de cristianos cree que esta obligación consiste en procurar la implantación del colectivismo. Argumentan que el Evangelio proclama la preferencia de Dios por los pobres y el ideal de la igualdad económica entre todos los hombres; que las diferencias entre ricos y pobres son excesivas, no son consecuencia del azar, sino fruto de la opresión y la tiranía, y no cabe esperar su desaparición de la marcha tranquila de la Historia: es preciso precipitarla por medios más o menos violentos. Hacer esto es no solo su obligación personal; es también obligación de la Iglesia católica y de las demás iglesias cristianas.

Estos razonamientos parecen, para empezar, precipitados. Tratan de zanjar con poco esfuerzo intelectual cuestiones complejas y polémicas. El colectivismo se propone aumentar el poder económico del Estado o concentrar todo el poder económico en el Estado. ¿Es claro que esto mejoraría la situación de los pobres? A través de la Historia, ¿hemos visto muchas veces las maquinarias políticas y administrativas preocuparse celosamente por los desamparados? ¿Están estos bien atendidos en los Estados comunistas? ¿Es seguro que las diferencias entre ricos y pobres, que la extrema miseria, en algunos casos, de estos últimos, procedan de la opresión y la tiranía? ¿No es posible que procedan de causas naturales, de la ignorancia? ¿No podrían ser ocasionadas por políticas económicas equivocadas, tal vez por remedios aplicados con buena fe? Los cristianos colectivistas suponen con frecuencia y afirman explícita o implícitamente que cuando existe una situación de miseria hay alguien que se beneficia de ella; que la pobreza es siempre fruto de la explotación. ¿Es ello seguro? ¿No podría ocurrir que la pobreza, que hace sufrir a muchos, no beneficiara a nadie?

La invocación a la violencia suscita mayores reparos todavía, tras una revolución sangrienta, ¿se ha visto alguna vez mejorar la situación de los pobres? ¿No ha ocurrido siempre lo contrario? La Revolución francesa de 1789 y la rusa de 1917 ¿dieron comida, vestido y albergue a los que antes no lo tenían? Si los esfuerzos que ahora se hacen para "liberar" a los países hispano-americanos de la "explotación" tuvieran éxito, ¿qué garantía tenemos de que las cosas sucederían de manera distinta?

¿No podría ocurrir que la dislocación de las actuales estructuras de la producción y del comercio hundiera a las masas de estas naciones en una miseria abismal? Los cristianos propugnadores de la violencia ¿tienen en sus mentes un esquema del sistema económico que, tras la victoria del movimiento subversivo, aseguraría un cierto bienestar?

Todos estos problemas deben ser estudiados seriamente, y no con razonamientos religiosos, y menos todavía con emociones religiosas, sino con criterios técnico-económicos. El P. Enrique Menéndez Ureña nos dice que la opción responsable de un cristiano por el socialismo (o por el capitalismo) no puede hacerse directamente desde las exigencias éticas del Evangelio, ni desde la teología, sino que tiene que estar precedida de un análisis estrictamente económico, político y socioteórico del problema.[3]

Y Daniel Villey, en la obra mencionada anteriormente, dice:

> Preguntar a un teólogo sobre economía política es *a priori tan absurdo como consultar a un poeta un problema de matemáticas* [p. 941].

El cristiano, al plantearse el problema de la política económica que pueda elevar la situación de los pobres y aumentar el bienestar general, coincidirá muchas veces en sus soluciones con hombres no cristianos animados por una buena voluntad. El gran economista inglés Alfred Marshall, en su juventud, quería ser sacerdote anglicano. Pero perdió la fe religiosa y fue profesor de Economía. Un día, paseando por el mercado de Londres de antigüedades y objetos viejos, vio una pintura que representaba a un mendigo en un estado de abatimiento físico y moral completo. La compró y la colgó en su gabinete de estudio; llamaba al mendigo su santo patrón y le servía para recordar que la misión de la ciencia económica es hacer de hombres como aquelaquel ciudadanos de la Nueva Jerusalén. ¿Qué diferencia hay entre la posición del agnóstico Marshall,

---

[3] *El mito del Cristianismo socialista*, p. 25.

la del joven Marshall que se preparaba para la ordenación sacerdotal, y la de un cristiano cualquiera, cuando se trata de problemas económicos?.[4] El cristiano deberá escoger el sistema económico que juzgue mejor, como deberá hacerlo el no cristiano. Y esforzarse en implantarlo. ¿Con qué criterios hará su elección? Además que hay sobre ellos una coincidencia bastante general: el mejor sistema económico será el que asegure a los hombres el mayor bienestar material y la mayor libertad; es decir, el que determine la mayor producción de bienes, la distribución menos desigual de los mismos y la menor coerción de las autoridades sobre las ideas y las actividades de los ciudadanos.

Serán pocos los que nieguen que es bueno que los hombres estén protegidos contra el hambre y el frío, es decir, bien alimentados, vestidos y alojados. Tal protección no solo es deseable en sí misma, sino que además lo es porque en la gran mayoría de los casos es condición necesaria para el desarrollo de la vida intelectual y de la vida espiritual del hombre. La pobreza es una virtud que la Iglesia recomienda a las almas capaces de practicarla, y en ocasiones el hambre y las privaciones revelan o hacen florecer virtudes heroicas. Pero para la mayoría de los mortales un nivel mínimo de

---

[4] Es posible sostener que la coincidencia actual entre cristianos y no cristianos en el campo económico es consecuencia de veinte siglos de influencia doctrinal del Cristianismo. Las ideas de paz y fraternidad han llegado a penetrar en casi todas las mentes. En el mundo occidental, la mayoría de los no cristianos son hijos o nietos de cristianos y tienen las mismas ideas morales que sus padres y abuelos. En los países no tradicionalmente cristianos, las ideas morales cristianas han penetrado por muchas vías.

Pero no queremos adentrarnos en esta cuestión. Aquí lo único que nos interesa es que hoy en todos los países con cierto desarrollo cultural, los objetivos económicos son generalmente los mismos en los cristianos y en los no cristianos.

bienestar es indispensable para el desarrollo intelectual, para el goce artístico y también para la práctica de la virtud. El hombre que no puede cubrir sus necesidades elementales, y que además contempla a sus seres más queridos en la misma situación, no se siente inclinado a adquirir conocimientos, leer poesía o escuchar música, y se halla ante tentaciones a las que con frecuencia sucumbe. Prácticamente todos los hombres son sensibles a estas reflexiones, pero es posible que impresionen más a los cristianos.

Para asegurar el bienestar material de los hombres, es necesario que el sistema económico determine la producción de muchos bienes y una distribución de los mismos no muy desigual. Cuanto mayor sea la producción y menores las diferencias interpersonales resultantes de su distribución, mejor será el sistema económico.

Para todos los hombres es importante la libertad, pero lo es especialmente para los cristianos. Su religión da un alto valor a la libertad humana; ante todo, a la espiritual: una de sus ideas centrales es el libre albedrío, la posibilidad para cada hombre de escoger entre el bien y el mal. Idea cargada de dificultades y misterios, que han sido analizados y discutidos a lo largo de los siglos, pero que es esencial a la doctrina y a la filosofía cristianas. Además, para los cristianos, Dios es, no solo Señor absoluto, sino también Padre, y ellos pueden y deben comportarse con la libertad propia de los hijos.

Esta concepción trasciende de la esfera religiosa a la social y política. El Cristianismo liberó al hombre de la tiranía del Estado antiguo (oriental, griego y romano), y en general los filósofos y tratadistas políticos cristianos han expuesto y sostenido fórmulas sociales y económicas que dan al individuo la mayor libertad posible. Ha habido excepciones, y en algunas coyunturas históricas la Iglesia católica y las autoridades de otras confesiones cristianas han tolerado situaciones de tiranía y se han aliado con ella. Pero estas desviaciones han sido deploradas por el Concilio Vaticano II, y hoy el Cristianismo está decididamente al lado de la libertad.

Vemos, pues, que los criterios para la elección del sistema económico preferible son objeto de general aceptación. A su luz vamos a intentar la determinación de este sistema.

III
DEFINICIONES Y TERMINOLOGÍA

Hay dos tipos extremos, puros, de organización económica: la economía centralizada y la economía de mercado. En el primero, una autoridad dirige y controla todos los procesos de la producción, distribución y consumo de los bienes. En el segundo, tales procesos son confiados a los particulares, que tienen derecho de propiedad sobre casi todos los bienes y libertad para contratar unos con otros.

A primera vista, el funcionamiento de una economía centralizada es más fácil de comprender que el de la economía de mercado. Puede pensarse: las autoridades de un país conocen los recursos de que este dispone y las necesidades de toda clase de la población; teniendo en cuenta estos dos campos de conocimiento, pueden organizar la producción, utilizando las técnicas más eficaces y procurando que las necesidades queden satisfechas de la manera más completa posible. Y si las autoridades quieren, pueden hacer que todos los ciudadanos sean tratados con igualdad, es decir que a todos se exija el mismo esfuerzo para la producción, y que las necesidades de todos se satisfagan en el mismo grado.[5] Todo esto es, en principio, fácil de entender.

---

[5] Pero los criterios de igualdad no son claros e inequívocos, y las autoridades de una economía centralizada pueden no ser partidarias de la igualdad.

En cambio, en un régimen de libertad económica, si la producción y el consumo están confiados a las decisiones de los particulares, si cada uno puede producir, cambiar y consumir lo que quiera, ¿cómo se determinará qué cantidades de cada mercancía deben producirse y en qué forma han de distribuirse? Pudiera creerse que en una colectividad en que no existe una autoridad económica central reinará la anarquía, se producirán cantidades excesivas e indeseadas de algunas mercancías y, en cambio, habrá escasez de otras, y que la distribución de los bienes se hará sin ningún criterio ético ni lógico. En realidad, estos dos tipos de organización económica no existen en su pureza, ni han existido nunca, ni pueden existir. El hombre aparece siempre encuadrado en una organización política, en un Estado. El hombre aislado, el noble salvaje de Rousseau, es un mito. Y la función mínima del Estado ha sido siempre el mantenimiento de la seguridad jurídica, es decir, del orden público y de la administración de justicia. Esta función es necesaria para que la economía de mercado pueda existir: si la propiedad privada no está protegida, y si los que se han comprometido mediante contrato no pueden ser obligados a cumplirlo, no puede haber economía de mercado. Pero, desde el momento en que hay autoridades y funcionarios, es necesario que haya ya impuestos, o algo que se les parezca, a fin de que autoridades y funcionarios tengan ingresos o rentas que les permitan vivir. Y los impuestos significan una intervención del Estado en la vida económica. Además de la misión mínima de mantener la seguridad jurídica, prácticamente todos los Estados han tenido otras. Los autores más liberales están de acuerdo en confiar al Estado aquellas funciones que los particulares no podrían realizar por sí solos, por ejemplo, la defensa exterior, la representación diplomática, la regulación del dinero, el sistema de pesos y medidas, las vías de comunicación. Todas ellas suponen intervenciones en la economía y exigen impuestos adicionales que son nuevas intervenciones.

Una economía totalmente centralizada tampoco es posible cuando el número de sus miembros llega a un centenar. En una economía centralizada, las autoridades han de conocer todos los "datos", es decir todos los recursos o factores de producción, todas las posibilidades técnicas y todas las necesidades y gustos de la población. Pero esto sólo es posible cuando la economía es muy primitiva y muy pequeña. Pudo ocurrir en una familia patriarcal del Antiguo Testamento o en un monasterio medieval. Cuando los miembros de una comunidad pasan de cien y las técnicas son algo complicadas, los "datos" son tan numerosos que ninguna autoridad puede conocerlos todos. En un país moderno, con varios millones de habitantes, la tarea de dirigir una economía totalmente centralizada es radicalmente imposible. Las computadoras no han hecho variar el planteamiento del problema: el número de datos no se cuenta por millones, sino por millones de millones; no hay computadora que pueda digerirlos.

Así pues, ni la economía totalmente centralizada ni la economía de mercado existen ni pueden existir. Lo que la realidad presente y la Historia nos ofrecen son combinaciones de los dos principios de centralización y libertad. En unas combinaciones hay predominio más o menos acentuado de un principio, en otras lo hay del otro.

En el lenguaje político y en el periodístico se dice a veces que los modernos Estados comunistas son economías centralizadas o colectivistas. En realidad no lo son. En los años inmediatamente siguientes a 1917 se intentó confusamente que la economía rusa lo fuera: el resultado fue la muerte de hambre de millones de personas.

113

El intento tuvo que ser abandonado rápidamente, y varios sistemas que combinaban la centralización con el mercado fueron ensayados.

Han pasado casi setenta años desde la Revolución rusa y los ensayos no han cesado. El sistema al que se ha llegado en Rusia y en los países satélites que en 1945 implantaron el comunismo puede describirse de la manera siguiente.

La mayor parte de la producción está en manos de empresas que tienen poder de decisión más o menos amplio; las más importantes son las industrias o granjas del Estado y las cooperativas agrícolas; todas ellas son empresas públicas, pero pueden decidir sobre qué han de producir, sobre los métodos de producción y sobre los compradores de sus productos. Hay otras empresas cuya importancia cuantitativa es menor, pero que tienen mayor poder de decisión todavía.

Muchos campesinos disponen de parcelas en las que cultivan lo que quieren y lo venden a precios libres. Hay profesiones liberales (médicos, abogados) que ejercen su actividad con cierta libertad. Hay también industrias artesanales y pequeñas tiendas privadas.

En cuanto al consumo, existe también libertad de decisión. Los ciudadanos pueden gastar sus rentas monetarias en unos u otros bienes. Muchos de ellos tienen rentas tan bajas que han de dedicar la mayor parte de las mismas a comida, vestido y vivienda, y la variedad de alimentos, tejidos y pisos que se les ofrecen no es muy grande. Algunos artículos están racionados. Hay tiendas, con mercancías y precios especiales, reservadas a ciertas clases sociales. Pero, a pesar de todo esto, los obreros, los ingenieros, los ejecutivos, los militares y los políticos pueden distribuir sus rentas monetarias entre una variedad de artículos no tan grande como en Occidente, pero bastante amplia.

Así pues, el mercado no está ausente en las economías de los países comunistas. Los artículos que los consumidores prefieren se venden más fácil y rápidamente, con frecuencia se agotan pronto, y para obtenerlos hay que hacer largas colas. Las empresas que los fabrican y los venden hacen beneficios más elevados que otras empresas. Los artículos que no satisfacen los deseos de los consumidores se venden con mayor lentitud, a veces quedan existencias invendidas de ellos, y las empresas que los producen obtienen beneficios pequeños o sufren pérdidas. En los Estados comunistas, las leyes del mercado se imponen a largo plazo, a pesar de la presencia constante de la Administración en los procesos económicos. Como es natural, las fuerzas del mercado se dejan sentir de manera más rápida e inequívoca en las empresas que se dedican a exportar a países con economía de mercado o a importar de ellos.

El ideal de igualdad económica de todos los hombres era el núcleo de las ideologías que, a través de avatares históricos, dieron lugar a la implantación del régimen económico de los Estados comunistas. No se ha renunciado a él explícitamente, pero ha ido retrocediendo a un segundo o tercer plano. Se recuerda a veces que es la meta que se busca para un tiempo futuro, indefinido. De momento, las distancias entre las rentas personales son considerables. Las diferencias entre las economías de los Estados llamados comunistas y las de los llamados capitalistas son principalmente tres. La primera es que la propiedad pública de los bienes, tanto de los bienes de producción como de los bienes de consumo, es cuantitativamente más importante en los Estados comunistas que en los capitalistas. De esta diferencia derivan las otras dos. La segunda diferencia es que las inversiones en los países comunistas las deciden exclusivamente las autoridades políticas, y en los de economía de mercado las deciden, en su mayor parte, los particulares (aunque las autoridades deciden algunas de ellas). En Rusia las diferencias interpersonales de las rentas son probablemente mayores que en Occidente,[6] pero una persona con rentas altas (ministro, general, director de empresa, artista de fama mundial) no puede, en su capacidad de ciudadano particular, tener la más pequeña influencia en las decisiones sobre la construcción de una fábrica, de un canal, de un buque o la creación de una explotación ganadera. En Occidente la mayor parte de estas decisiones las toman empresas privadas o personas particulares que se constituyen en empresa.

La tercera diferencia importante entre las economías llamadas comunistas y las llamadas capitalistas es que la intervención del Estado en la producción y el consumo es mucho más intensa en las primeras que en las segundas. También en Occidente hay mercancías con precios fijados, regulaciones industriales, prohibiciones de importar y de exportar, obligaciones de exportar, racionamientos de artículos de consumo o de materias primas, impuestos de aduanas, empresas estatales, impuestos casi confiscatorios, etc., etc. Pero todas estas cosas se dan con mayor extensión e intensidad en los Estados comunistas. Ya hemos dicho que también allí las fuerzas del mercado actúan incesantemente; pero la intervención del Estado trata incesantemente también de orientarlas, corregirlas, completarlas y contrarrestarlas.

Podríamos citar una cuarta diferencia entre las economías de los Estados comunistas y de los llamados capitalistas. Los primeros están gobernados por un partido único y dogmático que permite ensayos, pero pone límites a los mismos.Mientras

---

[6] La medición de estas diferencias plantea difíciles problemas teóricos y prácticos y la cuestión es polémica.

los partidos comunistas no cambien, no es fácil que los países gobernados por ellos puedan avanzar mucho hacia la libertad económica. Pero este es un problema de teoría política sobre el cual no queremos extender.

El partido único de los países comunistas, el partido comunista, tiene el objetivo de la centralización. Los aspectos de economía de mercado que hay en estos países son desviaciones estratégicas en una política orientada por una meta invariable: la cencentralización de toda la economía en manos del gobierno. Por lo menos esta era la concepción de Lenin cuando en el año 1921 hizo la primera maniobra estratégica que autorizó muchos elementos de economía de mercado en Rusia. Para él se trataba de una medida transitoria: la meta final debía ser la colectivización total de la economía rusa.

Muchos dirigentes rusos siguen teniendo hoy las mismas ideas que tenía Lenin en el año 1921. Pero no nos atrevemos a asegurar que esta sea la idea profunda y unánime de los dirigentes rusos y de los Estados satélites: los años y la experiencia algo les han enseñado. ¿A dónde quieren ir? No lo sabemos. Sabemos apenas dónde están y lo que hacen en los momentos presentes.

Los dos tipos extremos de organización económica han sido designados con varios nombres. La terminología ha variado en los tratados de economía, en los de sociología, en la política, en el lenguaje corriente. Quisiéramos, cn cstc libro, ser lo más claros y coherentes posible, y al mismo tiempo no alejarnos de las formas de expresión más frecuentes y no suscitar innecesariamente pasiones políticas. Si lo hubiéramos escrito hace treinta años, habríamos empleado sin duda la palabra socialismo para designar lo que hemos llamado economía centralizada. Entonces los socialistas no aspiraban a que todos los procesos económicos fueran dirigidos por el gobierno y a que la Renta Nacional se distribuyera con absoluta igualdad, pero sí a que la acción del gobierno fuera la fuerza predominante y que la igualdad de las rentas personales fuera el ideal al que se tendiera. Para ello propugnaban la nacionalización de sectores económicos, que a largo plazo serían tal vez todos, la intervención en los sectores todavía no nacionalizados, la tributación progresiva y los servicios sociales destinados a disminuir las diferencias entre las rentas personales, con vistas a su igualación final.

En las tres últimas décadas, los partidos socialistas han cambiado gradualmente de programa y, por consiguiente, la palabra socialismo ha ido cambiando de sentido. En esta evolución tuvo importancia el Congreso del Partido Socialdemócrata Alemán (llamado con frecuencia Partido Socialista) celebrado en Bad Godesberg en noviembre de 1959. En el programa aprobado en aquel congreso no figura ninguna referencia al marxismo, ni a la nacionalización de sectores económicos, ni a la lucha de clases, tres puntos importantes en los programas anteriores del partido. El nuevo programa se limitó a propugnar medidas que eviten los monopolios, aseguren el buen funcionamiento de la economía de mercado y eliminen gradualmente las diferencias exageradas entre las rentas personales. En los años en que el Partido Social Demócrata Alemán gobernó (1969-1982), lo hizo con más respeto a la libertad económica que algunos partidos políticos de otros países que no se llaman socialistas. La conducta y el lenguaje del Partido Social Demócrata Alemán han sido imitados por los partidos socialistas de otros Estados. Esto no es cosa nueva: ya en el siglo XIX y en las primeras décadas del XX, el Partido Social Demócrata Alemán tuvo gran influencia sobre los partidos socialistas de todo el mundo. El resultado ha sido que los dirigentes de algunos de estos, como el español, han declarado explícitamente su preferencia por la economía de mercado.

Este cambio es consecuencia de las victorias intelectuales y prácticas que la libertad de empresa ha logrado en el último medio siglo. Esta doctrina se ha expuesto con gran rigor y fuerza dialéctica, y ha convencido a muchos. Varias reformas inspiradas en ella han conseguido éxitos resonantes. Los socialistas se han sentido forzados a reaccionar, y lo han hecho en la forma expuesta: en términos generales, han adoptado las ideas y las políticas de sus adversarios.

El resultado es que hoy no sabemos claramente qué quieren los socialistas: sus tradiciones, sus emociones históricas y sus programas actuales no están de acuerdo. Y el sentido de la palabra *socialismo* ha quedado impreciso. Vamos a evitarla en general, a fin de no atribuir a los partidos socialistas actuales ideas que hoy no sostienen, aunque las sostuvieron en otro tiempo. Pero usaremos esta palabra al citar textos de otros autores y al referirnos a situaciones pasadas en que los pensadores y partidos que se llamaban socialistas sostenían las ideas de nacionalización, intervención e igualación social.

Para expresar la síntesis de estas ideas emplearemos la palabra colectivismo, que creemos suficientemente difundida, y precisamente con este significado. Ocasionalmente haremos uso de las palabras *intervencionismo, economía centralizada, economía dirigida* y *comunismo,* que expresan ideas cuyos matices el lector no tendrá dificultad en distinguir.

Al tratar de sociedades en que predomina la libertad económica, emplearemos, por regla general, las palabras economía de mercado y, a veces, las de liberalismo y *libertad de empresa.* Las voces *liberalismo* y *liberal, cuando van sin ningún adjetivo, tienen, en este libro, sentido puramente económico; cuando queremos* referirnos al liberalismo político, usamos estas dos palabras.

Evitamos la palabra *capitalismo*. Popularizada por Karl Marx, ha sido usada con varios significados. Generalmente se designa con ella a la economía de mercado, considerándola como un sistema económico (y también político) injusto, ineficaz y condenado a la próxima desaparición. No creemos que su uso generalmente aclare nada. Pero la empleamos, en algunos casos, para designar la combinación de economía de mercado e intervenciones del Estado que rige hoy en la mayoría de naciones no comunistas.

IV
VISIÓN HISTÓRICA

Todas las sociedades que conocemos han tenido elementos de economía de mercado y de intervención estatal. Los hombres han procurado siempre mejorar su situación económica a través de su actividad y del intercambio con otros hombres. Pero los gobiernos han procurado siempre también intervenir en la vida económica de sus súbditos, con intenciones variadas. Generalmente, hasta llegar al siglo XX, la economía de mercado ha predominado: la propiedad privada ha sido la norma general y aunque los gobiernos han deseado con frecuencia intervenir más de lo que han hecho, la falta de cuerpos de funcionarios honestos y eficientes no se lo ha permitido. No obstante, ya desde tiempos remotos, ha habido países, como Egipto y la América precolombina, en que los elementos colectivistas tenían considerable extensión.

En la Grecia clásica, en los primeros siglos, las ciudades-Estado tuvieron carácter intervencionista y antiindividualista: el ciudadano estaba subordinado al poder público. Desde el punto de vista económico, no puede decirse que estas ciudades fueran sociedades colectivistas, porque la propiedad privada existía en ellas; pero la libertad económica individual estaba sometida a limitaciones por parte del gobierno; especialmente el comercio con el extranjero estaba prohibido o restringido: se le consideraba un peligro para la independencia y el equilibrio de la vida de la ciudad.

Frente a esta concepción estatista y tradicionalista surgió, en los siglos V y IV antes de Jesucristo, una protesta que afirmó los derechos del individuo. Se manifestó en el campo literario y en él culminó en la *Antígona* de Sófocles. En el terreno filosófico y político la formularon los sofistas; esta palabra, inventada por sus adversarios, no debe servir para prejuzgar este movimiento intelectual. Se ha comparado a los sofistas con los filósofos del siglo XVIII, y aunque estas comparaciones son peligrosas, es cierto que unos y otros fueron individualistas, antitradicionalistas, y que para todos ellos la razón era el criterio de verdad.

Los sofistas negaron la solidaridad obligada del individuo con la ciudad-Estado, la distinción entre las clases sociales, la superioridad de algunas de ellas y la esclavitud; según ellos, la distinción entre el esclavo y el libre es desconocida en la naturaleza. Defendieron el comercio, incluso con el extranjero; económicamente eran cosmopolitas.

Frente a los sofistas, surgieron los socráticos, Sócrates, Platón y Aristóteles, que defendieron la tradición griega, nacional, ascética, agraria, antiindividualista, contra estas innovaciones, que juzgaban peligrosas. Sus ideas económicas más importantes están contenidas en dos diálogos de Platón: *La República* y *Las Leyes,* y en *La Política* de Aristóteles. Estas tres obras tratan de multitud de temas: las ideas económicas forman una pequeña porción de su contenido. *La República* es marcadamente colectivista, *Las Leyes* lo son menos, y *La Política* todavía menos.

Los socráticos son, con matizaciones, reaccionarios, nacionalistas y estatistas. Presentan algunas diferencias entre ellos, pero, frente a los sofistas, su oposición es cerrada. Vuelven a afirmar las ventajas de las clases sociales, propugnan una constante intervención de la autoridad política en los procesos económicos, miran al comercio en general con recelo y al comercio exterior con aversión.

Platón, en *La República,* describió una ciudad-estado de unos cinco mil habitantes, divididos en clases. En la clase superior, la de los gobernantes o guardianes, no hay propiedad privada ni familia; en las otras clases sociales, sí las hay. Pero la intervención del gobierno en la vida económica y en toda la vida de la ciudad es muy intensa.

Aristóteles formuló contra Platón tres argumentos en defensa de la propiedad privada: 1.0 los bienes poseídos por particulares están mejor administrados que los de propiedad común, pues el interés propio es mayor estímulo de actividad y buena gestión que el interés de una vasta colectividad; 2.0 la propiedad colectiva de los bienes produce necesariamente desorden; 3.0 la indivisión de los bienes engendra querellas que acaban con la paz social.

Pero si Aristóteles se opone al comunismo de Platón, coincide con él en muchos puntos. A los dos les preocupa la estabilidad del Estado, aceptan la esclavitud como natural y les desagrada el aumento de la riqueza general. Dice Daniel Villey que si tuvieron alguna doctrina económica, esta era antieconómica.

Desde el origen del Cristianismo, su doctrina y su práctica consideraron la propiedad privada como la base de la organización económica. Ello a pesar de que, ya en sus primeros tiempos, hubo comunidades que siguieron el consejo evangélico de la pobreza y de que algunos Santos Padres denunciaron con violencia los abusos de los ricos. Como otras cuestiones de doctrina, la de la propiedad se concretó y estructuró en Santo Tomás de Aquino. Este afirmó que los bienes en general están destinados a satisfacer las necesidades de todos los hombres, pero justificó su partición y su libre administración por los particulares con los argumentos que Aristóteles había esgrimido contra Platón.

En el mundo romano, en la Edad Media y en los primeros siglos de la Edad Moderna, las ideas sobre la función del Estado y la del individuo en la economía fueron oscilando. Pero el pensamiento de Sócrates, Platón y Aristóteles no se perdió nunca de vista. Las leyes y la realidad social fueron variando también. En los siglos XVII y XVIII la economía de mercado ganó terreno tanto en el campo doctrinal como en la política de los gobiernos. La publicación de *La riqueza de las naciones* de Adam Smith en 1776 impulsó poderosamente este avance. En el campo de la actividad práctica, en los últimos años del siglo XVIII y los primeros del XIX, la libertad económica siguió extendiéndose, ahora con más decisión: se suprimieron monopolios fiscales y de otro carácter, intervenciones gubernamentales en los mercados, fijaciones oficiales de precios, restos de instituciones feudales, etc., etc. Los progresos técnicos de aquellos años fueron también, en la mayoría de los casos, un factor liberalizador: el ferrocarril, el buque de vapor y las mejores carreteras aumentaban la competencia entre mercados antes aislados y daban a los trabajadores más oportunidades para encontrar ocupaciones bien remuneradas.

La libertad económica se aplicó también al comercio internacional: todos los países redujeron gradualmente los impuestos de aduanas y los demás obstáculos al tráfico exterior; Gran Bretaña llevó la delantera en este movimiento y, en 1860, suprimió los impuestos sobre la importación que todavía subsistían y pasó a ser una nación librecambista. Los demás países (Francia, Estados Unidos, los varios estados italianos y alemanes, España), sin llegar al librecambio, fueron siguiendo, de más o menos lejos, el ejemplo inglés. El tratado de comercio entre Gran Bretaña y Francia de 1860 (llamado tratado Cobden-Chevalier) marcó el punto de mayor libertad mundial de los intercambios comerciales.

Poco después de 1860, la tendencia se invirtió: las intervenciones estatales en la economía fueron cada vez más frecuentes. Los monopolios fiscales renacieron. Los acuerdos de carácter monopolista entre empresarios privados fueron respetados y a veces estimulados por las autoridades.

También en el comercio exterior se invirtió la tendencia. A partir de 1880, la Alemania de Bismarck inició una reacción proteccionista que pronto se contagió a otros países, entre ellos España. El ideal del comercio internacional libre fue siendo abandonado en favor de varias formas de aislamiento, moderado al principio, cada vez más radical con el paso de los años. Con diferencias en los distintos países, con oscilaciones en el tiempo, el proteccionismo se fue intensificando hasta después de la Segunda Guerra Mundial. La Gran Depresión (1929-1939) hizo llegar los obstáculos al comercio internacional a sus dimensiones máximas en tiempo de paz.

Después de 1945, la política económica interna de muchos Estados tendió a la liberalización. La reforma económica alemana de 1948, a la que nos referiremos más adelante, marcó un hito en este movimiento. Pero, en el conjunto del mundo, el movimiento tuvo poco ímpetu. A partir de 1973, la tendencia fue más bien hacia el intervencionismo; pero, desde 1980, en algunos países (Suiza, Alemania Occidental, Gran Bretaña, Estados Unidos, Japón) las políticas de los gobiernos han tendido a la libertad económica.

La política comercial exterior de las naciones después de 1945 también volvió a cambiar de tendencia. Se creó el GATT (*General Agreement on Tariffs and Trade, Acuerdo General sobre Aduanas y Comercio), y, con oscilaciones, el comercio internacional* se inclinó hacia la libertad. Pero en los últimos años, sobre todo desde la depresión iniciada en 1973 con la primera crisis del petróleo, las trabas al comercio entre los Estados han vuelto a aumentar, aunque, con frecuencia, en forma disimulada y vergonzante.

En resumen, a partir de 1860 y hasta 1945, tanto la política económica interior como la internacional se hicieron cada vez menos liberales. En 1945 la corriente se invirtió, pero con vacilaciones.

Si del mundo de la actividad práctica pasamos al de las ideas, encontramos una evolución parecida, pero las fechas de los cambios de tendencia son un poco anteriores. Ello parece lógico a los que creemos que las ideas rigen el mundo. En las últimas décadas del siglo XVIII y las primeras del XIX, las doctrinas de Adam Smith se impusieron en los ambientes universitarios e intelectuales en general. Pero antes de 1860 este dominio había llegado a su apogeo y las doctrinas antiliberales habían empezado a ganar terreno. Los socialistas de diversos matices, por un lado, y los proteccionistas e intervencionistas, por otro, combatían los ideales de libertad y competencia. Es arriesgado dar fechas, pero tal vez fue hacia 1840 cuando el dominio intelectual de las ideas de Adam Smith tuvo la máxima intensidad. En 1841 Friedrich List publicó *Das nationale System der politischen Ökonomie, que levantó la bandera del proteccionismo frente al librecambio; en 1848 los Principles of Political Economy, de Stuart Mill, revelaron el atractivo* que para su autor tenían las ideas socialistas. Estas, a fines del siglo XIX, dominaban los ambientes intelectuales europeos. Pocos dudaban de que el socialismo fuera el destino de la humanidad. A casi todos parecía obvio que la ordenación consciente y racional de los procesos de la producción y la distribución era superior a la "anarquía del capitalismo"; se veían los problemas psicológicos que implicaba la educación de los obreros para que se aviniesen a trabajar con diligencia en beneficio de la colectividad, y la educación de las clases acomodadas para que renunciasen a su posición privilegiada sin resistencia y sin excesivo dolor. Que la producción y la distribución de los bienes planteasen también, en un régimen socialista, problemas económicos, no lo veía nadie. Se creía que tales problemas eran propios del régimen "capitalista": en el socialismo todo sería distinto.

La diferencia más importante entre los varios partidos políticos y grupos de opinión surgía al decidir si la marcha hacia el colectivismo había de ser lenta o rápida, gradual o violenta. Sobre la meta final había un tono de sentimiento general, declarado o vergonzante. En Inglaterra, a la sazón el país rector del mundo en cuestiones económicas, el movimiento fabiano, partidario del paso lento y los métodos graduales, había ganado adhesiones en todos los sectores intelectuales y sociales. En 1894, el ministro de Hacienda liberal, William Harcourt, contestaba en el Parlamento a las imprecaciones de un diputado socialista con la frase entre irónica y resignada: "Todos somos socialistas, ahora."

Si pasamos del campo del pensamiento económico a la atmósfera filosófica general, en la que aquel vive y de la cual se nutre, comprobamos que los cambios de tendencia tuvieron lugar antes de toda vía. Y que el liberalismo no penetró realmente en los estratos más profundos del pensamiento europeo. Es cierto que cuando, en 1776, Adam Smith publicó su gran obra, esta fue aclamada por pensadores y políticos de todos los países. No obstante, la idea liberal ya nació herida. En el siglo anterior, Descartes había conquistado las mentes europeas, y este autor, en el campo político y social, significaba lo contrario que Adam Smith, es decir, propugnaba lo que Hayek llama el constructivismo, la dirección consciente de los procesos sociales y económicos por la voluntad de las autoridades políticas. El dominio intelectual de las ideas cartesianas había de hacer imposible que la aceptación de la economía de mercado continuase durante largo tiempo, y efectivamente no continuó. Descartes encontró un discípulo en Rousseau. La nostalgia de este por lo "natural", su culto de los instintos, no le impiden ser un racionalista, un constructivista. En definitiva, no intenta volver al estado de naturaleza: cree que esta posibilidad se ha perdido irrevocablemente y que hemos de organizar deliberadamente una vida social que compense, tanto como sea posible, la pérdida de felicidad de aquel estado.

Según Rousseau, una vida primitiva, salvaje, satisface la naturaleza humana: el hombre era feliz en ella; la cultura lo ha corrompido, le ha privado de su dicha original, y ha creado la sociedad actual (es decir, la del tiempo de Rousseau), llena de infortunios e injusticias. Volver a la sencillez primitiva sería maravilloso, pero es imposible. Sin embargo, no podemos aceptar la sociedad actual, resultado de una evolución incontrolada: la sociedad debe ser reconstruida de arriba abajo.

Si Rousseau fue discípulo de Descartes, Marx lo fue de Rousseau. La frase de Marx, contenida en las *Tesis sobre Feuerbach* y grabada en su tumba es reveladora: "Hasta ahora los filósofos no han hecho otra cosa que interpretar el mundo de diferentes maneras; pero lo importante es cambiarlo." Y a Marx, transformar el mundo le parecía fácil: creía que las instituciones sociales, e incluso la naturaleza humana, podían ser moldeadas por hombres con ideas claras y voluntad decidida.

La triple influencia de Descartes, Rousseau y Marx creó una atmósfera dentro de la cual los defensores de la economía de mercado solo podían luchar una batalla defensiva. Esta atmósfera acabó provocando, en el año 1917, la implantación del comunismo en Rusia, que produjo un cambio intelectual importante: la ingenua idea tradicional, que se había arrastrado desde Platón, de que en el colectivismo no había problemas económicos, tuvo que enfrentarse con la realidad: la economía rusa marchaba muy mal. ¿cómo se la podría arreglar? De 1917 arranca un vigoroso renacimiento de la economía de mercado. Sus partidarios no se han limitado a defenderla en el campo económico: han combatido las concepciones filosófico-políticas de Descartes, Rousseau y Marx. Con todo ello, han creado una literatura y una doctrina de interés muy superior al que suponen los que no la conocen. Podemos agrupar a estos autores en tres escuelas: la austríaca, la de Frankfurt y la de Chicago.

En el siglo XIX, tres grandes economistas vieneses, Carl Menger, Friedrich von Wieser y Eugen von Böhm-Bawerk, habían renovado la ciencia económica mediante la idea de la utilidad marginal. Formaron la llamada escuela austriaca. Sus continuadores en el siglo XX han sido Ludwig von Mises, Friedrich Hayek, Gottfried Haberler y Fritz Machlup. La denominación escuela austríaca ha seguido aplicándoseles, aunque la persecución hitleriana los dispersó por el mundo. Los cuatro fueron a parar a Estados Unidos y pasaron a escribir en inglés.

La escuela de Frankfurt fue fundada por Walter Eucken y en ella militaron Alfred Müller-Armack y Ludwig Erhard. Sufrió también la persecución de Hitler, pero tras esta ha jugado un gran papel en la política de la República Federal de Alemania. Tiene en su haber la reforma económica de 1948. En los Estados Unidos, en las últimas décadas, ha tenido influencia creciente la escuela de Chicago, dirigida por Milton Friedman. Se la llama también escuela monetarista.

V
LA SUPERIORIDAD DE LA ECONOMÍA
DE MERCADO

1. *Coincidencia de la economía de mercado, el bienestar y la libertad*

El repaso que hemos hecho de la historia de las ideas y de las políticas económicas nos da una primera pista sobre la superioridad de la economía de mercado: en aquellas épocas y países en que esta se ha aplicado, la prosperidad y el bienestar han aumentado.

La humanidad ha sido tradicionalmente pobre. Los palacios que nos quedan de los siglos anteriores al XIX no deben engañarnos sobre la situación económica de aquellos tiempos. Estos palacios solo pudieron ser construidos porque las diferencias entre las rentas personales eran enormes: la casi totalidad de la población era pobre y buena parte de ella extremadamente pobre. Tras la publicación, en 1776, de *La riqueza de las naciones,* la idea de libertad económica empezó a impregnar las legislaciones de algunos Estados del Occidente europeo y de Norteamérica. El desarrollo económico que ello ocasionó tiene testigos de valor excepcional. Karl Marx y Friedrich Engels, en su *Manifiesto comunista* del año 1848, reconocieron sin ambages los triunfos de la economía de mercado, por lo menos en cuanto se refiere a la producción de bienes. He aquí sus palabras:

La burguesía, gracias al rápido desarrollo de todos los instrumentos de producción y gracias a la mejora de los medios de comunicación, conduce hacia la civilización a todas las naciones, incluso las más bárbaras. Los precios baratos de sus mercancías son la artillería pesada con la cual derriba todas las murallas de China, con la cual obliga al odio obstinado que los bárbaros tienen a los extranjeros a capitular. Fuerza a todas las naciones, so pena de extinción, a adoptar los modos de producción burgueses, las obliga a introducir en ellas lo que llama civilización, es decir, las fuerza a convertirse en burguesas. La burguesía, durante su gobierno de apenas cien años, ha creado fuerzas productivas mayores que todas las generaciones precedentes juntas.

Marx y Engels no reconocen que este aumento de producción significara un aumento de bienestar general. Pero de sus mismas palabras se deduce que lo hubo y que fue grande. Estos "precios baratos de las mercancías", estas grandes "fuerzas productivas" indican que la producción de artículos de consumo aumentó fabulosamente, y estos artículos tuvieron que ser consumidos por grandes masas de hombres. La situación de los pobres a mediados del siglo XIX era triste, pero mucho menos que en los siglos anteriores.

Economistas como Joseph Alois Schumpeter y Werner Sombart, con tendencias socializantes (aunque de distinto carácter), celebraron este desarrollo económico en términos entusiastas. En los últimos años, los historiadores de la economía han medido y analizado este crecimiento con detalle. Mencionaremos a Simon Kuznets (Premio Nobel de Economía, año 1971), que ha tratado de medir este crecimiento desde el principio del siglo XIX hasta los tiempos actuales, y lo ha encontrado considerable.

La mejora material del mundo producida por la libertad económica ha sufrido detenciones episódicas e incluso retrocesos, generalmente breves, ocasionados por las guerras y las revoluciones, pero se ha reanudado pronto. Otro obstáculo ha encontrado la mejora progresiva del bienestar general: los retrocesos en la política de libertad económica a que nos hemos referido en el capítulo anterior. En las naciones en que la libertad sufrió menos restricciones, el progreso fue mayor; el caso más claro fue Gran Bretaña, donde la libertad económica sufrió mayores recortes, el bienestar aumentó menos; ello ocurrió en España.

A pesar de todo, la renta nacional, el bienestar personal y el bienestar social siguieron creciendo hasta el año 1914, en Europa, Norteamérica y los países bajo su influencia intelectual, como algunos hispanoamericanos. A fines del siglo XIX, muchos obreros europeos y norteamericanos habían alcanzado un nivel de vida superior al de los reyes medievales y renacentistas.

En el siglo XX, la marcha de la economía de mercado y del bienestar popular estuvo sujeta a avatares, y fue distinta en los varios tiempos y lugares. Hubo las dos Guerras Mundiales y la Gran Depresión de los años 1929-39. Lo que es claro es que tras la Segunda Guerra Mundial, en aquellos países en que rigió (con limitaciones) la economía de mercado, el aumento de producción de mercancías y del bienestar de la casi totalidad de la población fue espectacular. Los descubrimientos técnicos en la agricultura, la industria y los transportes de los dos últimos siglos, combinados con la economía de mercado, tuvieron resultados superiores a todas las esperanzas. Se ha dicho que los Estados Unidos se han convertido en la primera potencia económica mundial porque allí la palabra "nacionalización" se considera obscena. En aquel y en otros países, el desamparo por falta de recursos se ha reducido a casos excepcionales. Ello ha ocurrido, por ejemplo, en Gran Bretaña, Suiza, Alemania occidental, Austria, las naciones escandinavas y Japón.

En los momentos actuales, si hacemos un repaso geográfico del mundo, vemos la coincidencia general de la libertad económica, el orden público garantizado, el bienestar popular y la libertad política. En Europa occidental, en Norteamérica, en Australasia, la libertad económica es la norma general, el orden público está relativamente asegurado y el régimen político es democrático. En los países comunistas no hay democracia ni libertades de ninguna clase. En muchas naciones de Asia, África y América del Sur, el desorden político es constante, las dictaduras se suceden (aparentemente son dictaduras de distinto signo, en realidad las diferencias entre ellas son pequeñas), la intervención del Estado en la vida económica es intensa y perenne. No es necesario decir que el primer grupo de países tiene una riqueza, un bienestar y una libertad mucho mayores que los otros dos. El paralelismo entre la economía de mercado y el bienestar general es tan claro que resulta difícil negarlo a una persona informada y desapasionada. Hemos escogido, para examinarlos con un poco de detalle, algunos países y algunos hechos en los que nos parece que la eficacia benéfica de la economía de mercado brilla con especial claridad. Son Suiza, las naciones en vías de desarrollo, la reforma económica alemana de 1948 y la emancipación política de las antiguas colonias tras la Segunda Guerra Mundial.

2. Suiza

Lo que ocurre con este pequeño país es confirmación del viejo proverbio que afirma que los pueblos felices, como las mujeres honestas, no tienen historia. En los últimos tiempos, en que los transitorios monetarios internacionales, el paro obrero, las amenazas de guerra comercial, los problemas de la energía, etc., llenan las páginas de diarios y revistas, el nombre de Suiza es relativamente poco mencionado. Tal vez porque su situación económica es envidiable, excepcional.

Probablemente, hoy Suiza es el país más rico del mundo, es decir, el de mayor producto nacional bruto per cápita. Los cálculos del producto nacional son difíciles y las comparaciones internacionales peligrosas: por ejemplo, una modificación de los cambios monetarios puede alterar el orden de los Estados según su producto nacional bruto. En una estadística de hace un par de años, Suiza figuraba en cuarto lugar en la lista de los países más ricos del mundo. Pero los que le precedían eran los Emiratos Árabes Unidos, Qatar y Kuwait, tres países pequeños que casi solo producen petróleo; la baja del precio de este combustible los ha hecho pasar detrás de Suiza. Y este país va, sin duda, por delante de los Estados Unidos, de las naciones escandinavas, de Alemania occidental y del Japón.

La inflación y el paro forzoso son en él muy pequeños, inferiores a los de casi todas las naciones. Y lo han sido desde el final de la Segunda Guerra Mundial. Los casos de necesidad humana desatendidos son insólitos; y probablemente ningún otro Estado le aventaja en estabilidad política.

¿cómo ha llegado Suiza a esta situación? ¿Dispones tal vez de grandes recursos naturales? Todo lo contrario: montañas y belleza y nada más, aparte de la inteligencia y tenacidad de sus habitantes. Hasta el siglo XVIII fue muy pobre; tanto que muchos de sus hombres jóvenes, no pudiendo encontrar en él medios de vida, en los últimos tiempos de la Edad Media y en la Edad Moderna, se alistaron como soldados en todos los ejércitos que quisieron contratarlos. Los guardias suizos del Vaticano son el último vestigio de este hecho. Esta brillante tropa, hoy que Suiza es el país con mayor bienestar del mundo, viene a ser un testimonio de su tradicional pobreza.

Suiza debe su prosperidad a la aplicación sistemática de los principios de la economía de mercado a su vida interna y externa. La libertad para el funcionamiento de los procesos interiores se combinó con el librecambio para las relaciones internacionales. Solo con amplia facilidad para importar materias primas puede la industria suiza exportar a todos los países del mundo. La tentación de no respetar la libertad interna y externa se ha presentado con frecuencia: cada vez que los cambios de la técnica o de la coyuntura han creado dificultades para un sector, se han levantado voces pidiendo alguna forma de protección. Pero raramente tales voces han logrado imponerse y la economía suiza ha seguido inspirándose en criterios de libertad.

La idea de libertad económica se ha combinado con otras ideas políticas y sociales que le son afines: la economía de mercado, el liberalismo político y la democracia se han desarrollado paralelamente. Sería polémico determinar cuál de estas tres ideas (que son distintas) ha jugado el papel fundamental en la historia de la Confederación Helvética y ha ayudado más a las otras dos. Pero que las tres se han apoyado mutuamente es indiscutible.

En Suiza se han combinado también la unidad y la fuerza del Estado con las libertades locales. El ejército suscita un entusiasmo y adhesión popular de intensidad difícilmente superable. Pero las libertades municipales y cantonales son celosamente conservadas y escrupulosamente respetadas por el poder central. Así se logra la convivencia, no sólo pacífica, sino también cordial, de gentes de cuatro lenguas distintas, una de ellas, el romanche o reto-romano, hablada tan sólo por unas sesenta mil personas, pero protegida por todos los ciudadanos y por el gobierno federal. La aplicación sistemática de la economía de mercado ha evitado en Suiza el culto a lo colosal. Las grandes empresas suizas son poco numerosas y se han formado siempre utilizando las fuerzas del mercado. No ha ocurrido allí lo que en otros países donde las empresas gigantes han sido fruto de la intervención estatal. La mayor parte de las empresas que integran la admirable economía suiza son pequeñas o medianas; han logrado su supervivencia y su eficacia asimismo sin ninguna protección especial del Estado. No se da en Suiza el espectáculo. un poco cómico que brindan otras muchas naciones en las que la Administración, por un lado, favorece la formación de empresas de grandes dimensiones y, por otro, mantiene organismos protectores de la pequeña y mediana empresa.

Suiza nunca ha tenido colonias; dada su pequeñez y su situación geográfica, le habría sido difícil tenerlas. Pero países de tamaño aproximadamente igual al suyo, como Bélgica y Holanda, se esforzaron en adquirir grandes imperios coloniales y lo lograron. En Suiza nunca tuvo vigencia la errónea idea, tan difundida en otras partes, de que la posesión de colonias es ventajosa para la economía de la metrópoli.

Finalmente, los suizos han defendido la naturaleza mejor que otros pueblos. No hay en Suiza partidos ecológicos dedicados a la perturbación del orden público. No ha podido evitarse allí por completo la degradación del ambiente, pero los daños infligidos al aire, a las aguas y al paisaje han sido considerablemente menores que en otros países.

3. El milagro alemán

La reforma económica alemana de 1948 es un hecho trascendental no solo en la historia económica de aquel país, sino también en la historia general del mundo. Pocas veces las virtudes y la eficacia de la economía de mercado se han manifestado de manera tan espectacular. A la reforma y a la prosperidad que la siguió se les ha llamado "el milagro alemán". Muchos se han opuesto a esta expresión, entre ellos algunos partidarios de la economía de mercado, alegando que suscita la idea de fuerzas mágicas ajenas al mundo de la economía y a la racionalidad del pensamiento neoliberal. Pero esta expresión tiene la ventaja de que sugiere uno de los aspectos característicos de la reforma alemana: la rapidez con que produjo sus resultados. Generalmente los cambios en la política económica tienen consecuencias que se manifiestan con lentitud, de manera que las relaciones de causa y efecto no son fáciles de determinar; en junio de 1948, los resultados de la política económica fueron casi instantáneos, y nadie dudó de las causas que los habían producido.

En los tres años que transcurrieron desde el final de la Segunda Guerra Mundial, en 1945, hasta junio de 1948, la situación de la economía alemana fue insatisfactoria. La inflación venía durando desde la subida de Hitler al poder en 1933 y afectaba a una población que, en su mayor parte, recordaba todavía la gran inflación culminada en 1923. En los años 1945-48, las autoridades alemanas trataban de reprimir la inflación fijando precios máximos para casi todas las mercancías; tales topes generalmente no eran respetados, pero los esfuerzos del poder público para que lo fueran producían distorsiones en el funcionamiento del sistema económico y frenaban la producción. La escasez era general y la de algunas mercancías aguda. No había paro forzoso. Todos trabajaban y casi todos trabajaban muchas horas: para ganar algún dinero, para encontrar a alguien que quisiera dar mercancías a cambio de él o de otras mercancías. Los obreros trabajaban durante toda la semana y los domingos iban al campo con el dinero ganado o con alguna joya o algún objeto familiar, para ver si les daban a cambio un jamón o un saco de patatas. Los canales del comercio funcionaban de esta manera. El trabajo estaba tan mal organizado y era tan poco productivo, que el nivel de vida era muy bajo; las destrucciones bélicas de viviendas, fábricas y otros edificios apenas habían sido reparadas y la afluencia de fugitivos de las regiones alemanas ocupadas por los rusos había hecho duras las condiciones de vida. El gobierno, formado por personas eminentes, pero casi todas sin conocimientos de economía, se sentía desconcertado: Alemania estaba ocupada por los ejércitos vencedores americanos, franceses e ingleses, que habían traído su dinero, de manera que, además de los marcos alemanes, circulaban los francos franceses, las libras esterlinas y los dólares, lo cual no era un mal grave, pero hacía la situación más complicada todavía. Las facultades del gobierno y de los generales de las fuerzas ocupantes no estaban bien delimitadas. Los generales eran partidarios de continuar el régimen vigente: tenían la idea de que si con todas las reglamentaciones la economía alemana funcionaba mal, si se le quitaban aquellos aparatos ortopédicos, todavía funcionaría peor .El jefe del gobierno, Konrad Adenauer, tenía grandes virtudes morales y cívicas y era un esforzado defensor de la civilización occidental, pero carecía de conocimientos de economía. Afortunadamente, tenía un ministro de ideas muy claras, Ludwig Erhard, partidario de la liberalización total o casi total. Adenauer se inclinaba más bien a mantener las múltiples intervenciones porque se hacía las mismas consideraciones que los generales aliados. Pero tenía confianza en Erhard, y se dijo: la situación es tan mala que no puede empeorar mucho, dejémosle hacer su experimento.

Erhard, sin tener legalmente atribuciones plenas, obró con decisión. Aprovechó un fin de semana en que los generales de las fuerzas de ocupación estaban en el campo y los ministros del gobierno estaban con sus familias. Creó una nueva unidad monetaria, el *Deutsche Mark,* y obligó a cambiar por ella los marcos, los dólares, las libras y los francos, de manera que pasó a circular solamente la nueva moneda. Esta, en las semanas siguientes, se administró con mucho cuidado, es decir se emitió poca, y mantuvo, desde el primer momento, su poder de compra en el interior y su estabilidad en los cambios con las monedas de otros países. Erhard fue suprimiendo rápidamente intervenciones del gobierno en la vida económica, no todas las existentes, pero muchas: precios de tasa, cupos de materias primas, racionamiento de alimentos, prohibiciones de importar y exportar, etc., etc.

Los efectos de la reforma fueron fulminantes. En dos o tres días, los escaparates de las tiendas, antes vacíos, se llenaron de mercancías de todas clases; los procesos industriales se racionalizaron y se hicieron más eficaces; las transacciones comerciales se efectuaron en precios que reflejaban la relativa escasez o abundancia de las mercancías; el sistema económico se hizo más productivo, la renta nacional y el bienestar de la población se elevaron y han continuado elevándose hasta hoy. El paro forzoso, inexistente antes de la reforma, apareció tras ella. En realidad, quedaron sin trabajo obreros que antes no lo tenían verdaderamente productivo. El paro fue de corta duración: los mecanismos del mercado fueron absorbiendo a los parados dándoles trabajo productivo.

Fuera de Alemania y transcurridos los años, algunos han atribuido el "milagro alemán" a varias causas, por ejemplo a la tenacidad e inteligencia de los alemanes o a la buena manera como supieron reaccionar a la derrota militar, buscando su recuperación en el trabajo duro. Es indudable que estos factores tuvieron influencia, pero sin la nueva política de libertad económica, habrían sido ineficaces: el "milagro" no tuvo lugar en 1945, sino tres años más tarde, en 1948.

El período 1945-48 fue, como hemos dicho, de marasmo económico y de grandes sufrimientos para los alemanes: sus cualidades de laboriosidad y tenacidad y su deseo de emprender un nuevo camino tras el desastre bélico no sirvieron de nada en una atmósfera de inflación y de trabas legales al sistema económico; cuando estos obstáculos fueron eliminados, la mejora fue rápida.

Los reformadores alemanes de 1948 no fueron exentos •en pureza de doctrina e hicieron la reforma que pudieron, dadas las circunstancias políticas, es decir, la orientaron decididamente hacia la economía de mercado, pero respetaron muchos restos de intervencionismo estatal. La difusión de las ideas colectivistas en la opinión y la fuerza del Partido Socialista no permitieron ir más lejos. Por ejemplo, el sector público de la economía era extenso en la República Federal, como resultado de acumulaciones que los partidos socialistas de diversos matices habían realizado durante casi un siglo.

Erhard no se vio con fuerzas para reducir el sector público y este ha perdurado hasta hoy. Y algo parecido ocurrió con otras formas de intervención estatal.

El Partido Cristiano Demócrata Alemán, que estaba en el poder cuando se realizó la reforma, y al cual pertenecían Adenauer y Erhard, tuvo, como premio a su acierto, veintiún años de permanencia ininterrumpida en el poder. En 1969 fue sustituido por el Partido Social Demócrata. Pero la influencia doctrinal de la economía de mercado, reforzada por los grandes resultados de la reforma, llegó también a este partido, como vimos en el capítulo IIL Durante los años 1969-1982, el Partido Social Demócrata (aliado con el pequeño Partido Liberal) gobernó con un espíritu más próximo a la economía de mercado que algunos partidos que no se llaman socialistas en otros países. Y la prosperidad continuó. Desde 1982 ha vuelto a gobernar el Partido Cristiano Demócrata.

4. Los países en vías de desarrollo

La mayor parte de las naciones en vías de desarrollo no logran salir de su triste situación. En los cuarenta años transcurridos desde el final de la Segunda Guerra Mundial, el crecimiento de su renta *per capita* en términos reales ha sido pequeño. Con frecuencia se ha sostenido que un crecimiento mayor no es posible por una serie de razones que examinaremos más adelante en un capítulo consagrado a esta cuestión. Veremos entonces que ninguna de ellas tiene validez.

La poca fortuna de la mayoría de países en vías de desarrollo se debe a sus equivocadas políticas, consistentes en una combinación, en dosis variables, de nacionalismo, industrialización forzada, inflación y colectivismo. Algunos países en vías de desarrollo que han practicado políticas diferentes han visto mejorar notablemente el bienestar de su población. El nacionalismo económico de la mayoría de los países en vías de desarrollo se ha manifestado en expropiación de empresas extranjeras, dificultades a inversiones de capitales procedentes de fuera, obstáculos a expertos extranjeros que quieren trabajar en el país. Con frecuencia el nacionalismo económico ha ido junto con el político y militar: muchos países en vías de desarrollo tienen ejércitos y armamentos desproporcionadamente grandes y caros.

La mayoría de estos países han descuidado el sector primario (agricultura, pesca y minería), que había sido tradicionalmente el más importante de su economía, y han forzado su industrialización. Para ello han creado impuestos elevados a la importación de manufacturas y la han dificultado por otros procedimientos. Y han organizado subsidios y otras formas de estímulo a industrias para las cuales el país no tiene ventajas comparadas. Las empresas del sector público han sido obligadas casi siempre a comprar a empresas del país, aunque sus precios fueran mucho más elevados que los de los posibles suministradores extranjeros.

El nacionalismo y el afán de industrialización se han aliado para crear empresas cuya finalidad esencial es el prestigio: muchos países en vías de desarrollo han querido tener una compañía de aviación internacional, una gran empresa siderúrgica, una gran central hidroeléctrica, sin consideración de las ventajas económicas.

El nacionalismo y la industrialización forzada son caros. Los países en vías de desarrollo suelen tener sistemas fiscales poco productivos. Los gastos estatales han superado casi siempre a los posibles ingresos, y el resultado ha sido la inflación. En todos los países en vías de desarrollo ha habido influencia colectivista más o menos intensa según los casos. Se han creado empresas estatales y empresas mixtas del Estado y de los particulares. Los intereses públicos y los privados se han enlazado y han dado lugar a todas las formas de ineficacia y de corrupción. La incapacidad para emprender el desarrollo se debe a las políticas inspiradas en estos principios. El nacionalismo, el intervencionismo y la inflación frenan el crecimiento de los países en vías de desarrollo como el de los desarrollados; son tan dañosos en India como en Gran Bretaña. Pero no todos los países en vías de desarrollo han llevado a cabo las mencionadas políticas: algunos se han inspirado, de manera más o menos plena, en las ideas de la economía de mercado, y en ellos el crecimiento de la renta nacional y del bienestar popular ha sido mayor (como en los Estados industrialmente avanzados que se han inspirado en estas ideas). Entre estos países en vías de desarrollo figuran Puerto Rico, Corea del Sur, Formosa, Hong Kong, Singapur, Tailandia y Malasia. Los dos últimos citados están geográficamente cerca de Birmania e Indonesia y tienen condiciones naturales y sociológicas parecidas a las de estas dos naciones, pero Birmania e Indonesia han practicado políticas nacionalistas e intervencionistas y han tenido crecimiento débil.

Vamos a ocuparnos con un poco de detalle de Hong Kong y de Malasia, dos países cuyas circunstancias no parecían las más adecuadas para predecir el fuerte crecimiento que ha tenido lugar en ellos.

Hong Kong es políticamente un Estado independiente que forma parte de la Comunidad Británica de Naciones, aunque antes de fin de siglo pasará a integrarse en la China comunista. Limita solo con este país y con el mar. Su extensión es de mil kilómetros cuadrados; tiene poca tierra agrícola y ninguna manera.

Al terminar la Segunda Guerra Mundial, tenía setecientos mil habitantes; hoy tiene seis millones; inmigrantes legales e ilegales, procedentes de todos los países, pero principalmente de China, y el aumento vegetativo ha determinado este fuerte crecimiento. Con una cifra de seis mil habitantes por kilómetro cuadrado, es probablemente el Estado con mayor densidad de población del mundo.

Su política económica ha sido casi exactamente la opuesta a la practicada por la mayor parte de países en vías de desarrollo: ha aplicado la libertad a su comercio interno y externo. Esto ha determinado el desarrollo de aquellos sectores en que el pequeño y sobrepoblado país tiene ventajas comparadas, es decir, las industrias ligeras que requieren relativamente poco capital y mucha mano de obra (textiles, juguetes, bicicletas, maquinaria ligera, hostelería, turismo, etc.). La mayor parte de la producción de estas industrias es exportada y con los ingresos procedentes de las exportaciones se importan las materias primas, los alimentos y los otros artículos que la población necesita. Gracias a esta política, el nivel de vida en Hong Kong se ha elevado sin interrupción y considerablemente en los últimos cuarenta años.

Hoy su población goza de un razonable bienestar. Los resultados de una experiencia concreta no son una prueba concluyente. En el caso de Hong Kong hay circunstancias especiales favorables y desfavorables. Entre las primeras figura el hecho de que algunos de los fugitivos de China comunista pudieron llevarse sus capitales y los invirtieron en Hong Kong; las numerosas colonias chinas esparcidas en el sudeste asiático también han mostrado preferencia por invertir en aquella ciudad; expertos escapados de China han ido a trabajar allí. Pero hay una circunstancia desfavorable que sin duda compensa con exceso las ventajas mencionadas: la situación política y militar ha sido crónicamente precaria; si los chinos hubieran decidido ocupar Hong Kong, lo podrían haber hecho en pocas horas; y ahora la incorporación del Estado-ciudad a China está acordada para una fecha no muy remota. Que a pesar de la amenaza permanente y del acuerdo de incorporación, se haya logrado un desarrollo espectacular, se debe a la economía de mercado.

El ejemplo de Malasia es aleccionador, porque en este país se daban prácticamente todas las circunstancias que, según las opiniones intervencionistas, hacen difícil (o imposible) el desarrollo.

Malasia tiene un pasado colonial próximo. Tras varias vicisitudes, se constituyó en Estado independiente, con sus actuales fronteras, en 1965. Su población es mezclada, principalmente malaya, china e india, y entre los grupos raciales, hay fuertes conflictos. El país se ha visto inquietado, durante algunos años, por guerrilleros comunistas. La distribución de la renta nacional es muy desigual y esto se complica con los problemas raciales, porque los habitantes de origen chino son más ricos que el resto de la población. En el período colonial sus exportaciones consistían principalmente en dos productos, caucho y estaño, cuyos precios, en los mercados mundiales, oscilan violentamente. En algunos años de los dos últimos decenios, la relación real de intercambio de Malasia ha empeorado, es decir, los precios de las mercancías que exporta han bajado en relación con los precios de las que importa. Su población aumenta rápidamente.

Los gobiernos de Malasia han seguido una política económica de libertad con algunas restricciones, tanto en el comercio interior como en el exterior. Gracias a ella, el crecimiento económico ha sido considerable. La industria se ha desarrollado vigorosamente; las. exportaciones se han diversificado, y los artículos industriales han represeptado un tanto por ciento de ellas cada vez mayor. Malasia no ha tenido ninguna de esas crisis de la balanza de pagos a que son tan propensos los países en vías de desarrollo que siguen políticas económicas diferentes. El desarrollo económico ha producido naturalmente un creciente bienestar de la población, y ha ido asociado a una creciente paz social y política: las tensiones raciales se han suavizado y las guerrillas comunistas han tendido a desaparecer. El ejemplo de la India es también ilustrativo. Desde su independencia, poco después de la Segunda Guerra Mundial, hasta hace pocos años, este país aplicó políticas nacionalistas, intervencionistas, inflacionistas y colectivistas y su desarrollo económico fue pequeño. Como su población creció mucho, la miseria de sus masas no disminuyó, tal vez aumentó. En los últimos años de Indira Gandhi estas políticas se fueron modificando gradualmente, sobre todo en lo referente a la agricultura, y se fueron aplicando criterios de economía de mercado. Las consecuencias no se hicieron esperar: aumentó la producción de alimentos y también la de algunos otros bienes; hoy la población india está razonablemente bien alimentada.

Rajiv Gandhi, que ha sucedido en el poder a su madre y que en el breve tiempo que lo ha desempeñado parece revelarse como un gran político, se proponía extender las ideas de la economía de mercado a todos los sectores, y ha empezado a hacerlo. Esto es un buen augurio, a pesar de las dificultades con que tropieza aquel país, dilatado, complejo y conflictivo.

5. *El fin del régimen colonial*

La emancipación política de las antiguas colonias y su conversión en Estados independientes es uno de los hechos más importantes que siguieron a la Segunda Guerra Mundial. Ha sido analizado desde muchos puntos de vista. Pero uno de sus aspectos apenas ha sido estudiado y sin duda es merecedor de serlo: los supuestos perjuicios que la emancipación había de producir en la economía de las antiguas metrópolis. Hace medio siglo era corriente la opinión de que el colonialismo era un fenómeno principalmente económico. En esto coincidían gran número de autores, marxistas e imperialistas. Según ellos, los Estados industrializados necesitaban mercados crecientes para sus manufacturas, si querían evitar las crisis de sobreproducción; al mismo tiempo, les era conveniente asegurarse fuentes de suministro de materias primas. Un imperio colonial les servía para resolver ambas dificultades: la abundancia de recursos naturales en las colonias y la baratura en ellas de la mano de obra les proporcionaban fuentes de materias primas a precios ventajosos; al mismo tiempo, las preferencias aduaneras garantizaban a las mercancías industriales de la metrópoli una salida fácil.

Con pequeñas diferencias de matiz, esta fue la visión del problema de Lenin y de Rosa de Luxemburgo, de Cecil Rhodes y del mariscal Lyautey. De estas ideas teóricas derivó una concepción popular, imprecisa pero muy difundida, según la cual las campañas y guerras coloniales eran promovidas, en último término, por los representantes de altos intereses económicos, los famosos "círculos de empresarios y banqueros"; eran ellos los que daban las órdenes; los políticos y los militares las obedecían dócilmente e iban incorporando nuevos territorios a la soberanía de la metrópoli.

Las primeras observaciones que estas ideas suscitan son que la Historia nos muestra muchos ejemplos de imperialismo cronológicamente anteriores al amplio dominio de la economía de mercado y al desarrollo industrial. Y que en varios países –Suiza, Suecia, Noruega, Dinamarca– el desarrollo económico ha sido intenso, durante muchas décadas, sin una sombra de imperialismo.

Pero, sobre todo, si la mencionada interpretación del colonialismo fuera cierta, habría sido lógico deducir *a priori* que Europa, donde radicaban casi todas las metrópolis del mundo, debería quedar empobrecida tras la rápida emancipación de sus antiguas dependencias ultramarinas. Lo que ha ocurrido ha sido, por el contrario, que en los treinta años siguientes a esta emancipación, el desarrollo económico de Europa en general fue de los más rápidos. Pero si analizamos la cuestión con detalle, observaremos cosas más sorprendentes todavía. Más sorprendentes para los que aceptaban la interpretación económica del imperialismo. Holanda y Japón eran posiblemente los dos países cuya prosperidad, según tal interpretación, estaba más ligada a la conservación de sus imperios coloniales: los dos tenían territorios metropolitanos pequeños, con pocos recursos naturales, y superpoblados. ¿cómo podrían subsistir o mantener su nivel de vida sin sus extensas y ricas colonias? Pues bien, tras la pérdida de las mismas, Holanda goza de un nivel de vida muy superior al de antes y continuamente creciente. Japón ha tenido, en las últimas décadas, un desarrollo económico más rápido que ningún otro país del mundo, gracias al cual la miseria que pesaba sobre la mayoría de su población en los tiempos de su esplendor imperial ha sido sustituida por bienestar general a un nivel muy alto.

Hay un ejemplo más rotundo todavía: el de Alemania. La necesidad de colonias fue un elemento de la propaganda nacional-socialista: según ella, Alemania, ahogada entre sus estrechas fronteras, no podía vivir sin colonias. Pues bien, la República Federal de Alemania, con fronteras más estrechas todavía, separada de sus territorios orientales que la suministraban productos agrícolas, tiene un nivel de vida superior al de la Alemania imperial, la República de Weimar y la nacional-socialista, y contempla la elevación incesante de este nivel.

La interpretación económica del colonialismo es un puro sofisma fundado, en definitiva, en la hipótesis de que para que dos territorios puedan comerciar ventajosamente es necesario que formen parte de una unidad política. Lo cierto es que cuanto mayor es la libertad de comercio interior y exterior, mayores son la prosperidad y el bienestar. La emancipación de las colonias aumentó esta libertad y con ello elevó la prosperidad y el bienestar en aquellas naciones, viejas o nuevas, que no los ahogaron con desorden político o con intervenciones económicas.

VI
EXPLICACIÓN TEÓRICA DE LA SUPERIORIDAD DE LA ECONOMÍA DE MERCADO

El mejor sistema económico es aquel que asegure la mayor producción de bienes, su distribución menos desigual y la mayor libertad posible. En el caso de que alguien llegara a la conclusión de que un sistema hace a los hombres más ricos y menos libres que otro, ¿cuál debería preferir? De los dos objetivos, bienestar y libertad, ¿cuál es más importante?

Este problema no se plantea en la práctica, porque la economía de mercado es superior al colectivismo en todos los terrenos: eleva más el volumen de la producción; hace que ésta se distribuya con menos desigualdad entre los miembros de una comunidad o los habitantes de un país, y es condición necesaria de la libertad política, intelectual y humana.

La historia y la observación de la realidad actual lo prueban reiteradamente. Veamos los razonamientos teóricos que lo explican.

Nos inclinamos a creer que la superioridad de la economía de mercado se daría aun en el caso de q\lc se aplicara en todo su rigor y pureza, sin ningún correctivo. Pero hoy prácticamente nadie propugna tal aplicación, y ésta: no tiene lugar en ningún país. Los actuales partidarios de la economía de mercado creen que los Estados modernos no deben tolerar dentro de ellos la miseria y la pobreza: mediante algún procedimiento, han de asegurar a todos sus habitantes una renta mínima. Tal renta ha de estar en relación con la riqueza del país: cuanto más alta sea la renta nacional *per capita,* mayores deben ser los ingresos mínimos garantizados. Y estos deben estar asegurados independientemente de los méritos o defectos de las personas protegidas y cualesquiera que hayan sido sus errores o delitos anteriores. Esta es una medida factible y en las naciones que han logrado cierto grado de desarrollo, la renta mínima garantizada debe y puede cubrir ampliamente las necesidades humanas básicas y ser más alta que la que otorgan los actuales sistemas de seguridad social.

Para dar esta protección a los que en el mercado no logran unos ingresos mínimos, podrían utilizarse varios procedimientos. La preferencia por unos u otros es discutible. En general, los partidarios de la economía de mercado no tienen simpatía por los actuales sistemas de seguridad social: su administración les parece demasiado complicada y cara y creen que tienden a frenar los incentivos al trabajo y al ahorro. Opinan que tales sistemas deben perdurar mientras no se encuentre algo mejor, pero se afanan buscándolo.

Una idea que en los últimos. años ha encontrado muchos defensores es el llamado impuesto negativo sobre la renta. Con él, a los que no tienen ningún ingreso, el Estado les pagaría la renta mínima garantizada; a los que tienen ingresos inferiores a esta renta, el Estado les pagaría cantidades que los situaran por encima de ella; estas cantidades estarían graduadas de forma tal que un aumento de los ingresos producido por el trabajo del interesado significase siempre un aumento de sus ingresos totales (ingresos propios más cantidades recibidas del Estado). De esta manera, en ningún caso se frenaría el incentivo a mejorar la situación propia mediante el trabajo. La administración de este sistema sería más sencilla, más racional y más barata que la de la actual seguridad social.

Sea cual fuere el método escogido para asegurar la renta mínima, los recursos necesarios para ello se obtendrían de impuestos que recayeran principalmente sobre las clases económicas superiores. Sin embargo, los impuestos no deben ser tan elevados que frenen los incentivos al trabajo y al ahorro, lo cual es posible si el Estado limita sus funciones a las que le son esenciales, es decir a las que los particulares no pueden realizar. Las que éstos pueden realizar las llevan a cabo prácticamente siempre mejor que el Estado.

Además de ser moderados, los impuestos han de ser de comprensión y administración fácil y sencilla. La complicación de los tributos pone a los contribuyentes en manos de los funcionarios públicos encargados de su gestión. Estos funcionarios no tienen otra tarea que la de estudiar la legislación tributaria y hacerla cumplir; los contribuyentes, además de estudiar los impuestos, han de ganar dinero para pagarlos. En la discusión de un caso dudoso, el funcionario se encuentra frente al contribuyente en situación de ventaja; ésta es mayor cuanto más complicados sean los impuestos. Las energías que los empresarios y los contribuyentes en general gastan hoy en minimizar legalmente su carga tributaria significan una pérdida económica que convendría reducir.

Completado con la renta mínima garantizada a los que no la logran en el mercado, éste es superior a cualquier otro sistema para organizar los procesos económicos. Aun sin este complemento, el mercado es mejor que el colectivismo. La libertad económica, aun sin ninguna corrección y ningún complemento, asegura prácticamente siempre una producción de bienes mayor, una distribución de los mismos menos desigual y una libertad política y personal más amplia que cualquiera de las formas de colectivismo ensayadas hasta ahora y probablemente que cualquiera otra que pueda ensayarse en el futuro. Pero el mercado, completado con la protección a los económicamente débiles, nos parece el mejor sistema posible. El cristiano que haya estudiado y reflexionado se inclinará por él, no por razones teológicas, sino porque es el que mejor asegura el bienestar y la libertad de todos.

Estas afirmaciones no son fáciles de demostrar. Es probable que en la práctica no puedan demostrarse de manera apodíctica. Las personas educadas durante largos años en ideas contrarias o distintas encontrarán sin duda dificultades para aceptar las ventajas de la economía de mercado.

Por esto estamos lejos de afirmar que los cristianos tengan la obligación moral subjetiva de propugnar la economía de mercado. Si están sinceramente convencidos de que es un mal sistema económico, sin duda harán bien en combatirlo. Lo que no deben hacer en ningún caso es afirmar que la obligación moral subjetiva de los cristianos es trabajar para la implantación del colectivismo, y que los que defienden la economía de mercado lo hacen por egoísmo y sentimientos mezquinos. De todo hombre hay que suponer que obra y argumenta de buena fe, mientras no se demuestre lo contrario. Y los cristianos ciertamente no deben ser excluidos de esta regla.

Pero creemos que una persona desapasionada, que lea con atención la prensa diaria y estudie unos cuantos libros fundamentales, se inclinará probablemente a la economía de mercado. En los últimos años hemos contemplado los casos de varios cristianos sinceros, proclives al colectivismo o al intervencionismo, que, tras algunas lecturas y un tiempo de reflexión, han quedado convencidos de que su obligación era propugnar y propagar la economía de mercado. La determinación de los libros de lectura recomendada es discutiendo. A unos lectores les convencen más unos argumentos, a otros, otros. Sugeriríamos los siguientes: *La riqueza de las naciones,* de

Adam Smith; *La acción humana,* de Ludwig van Mises; *Camino de servidumbre* y *Los fundamentos de la libertad,* de Friedrich Hayek; *Libertad de elegir;* de Milton y Rose Friedman; *Introducción a la Economía Política* y *La crisis social de nuestro tiempo,* de Wilhelm Roepke; *Libertad e igualdad,* de Lionel Robbins; y *El mito del cristianismo socialista,* de Enrique Menéndez Ureña. Los lectores que dispongan de mucho tiempo encontrarán más libros en la bibliografía que va al final de este. A los que dispongan de poco tiempo, tal vez les ayudará la lectura de nuestras obras: *La nueva economía liberal* y *Economía y libertad.* Aquí vamos a resumir los argumentos fundamentales de esta literatura. No podemos, naturalmente, hacer otra cosa. A quien no quede convencido con ellos, no tenemos más remedio que recomendarle que acuda a los libros citados.

Un sistema económico ha de resolver tres problemas: ¿qué bienes han de producirse?, ¿cómo?, ¿para quién han de ser? Los factores de producción de un grupo humano pueden producir alternativamente un gran número de combinaciones de cantidades de los muchos bienes existentes: ¿cuál de ellas se producirá realmente? Para fabricar un bien, las técnicas ofrecen múltiples métodos de producción: ¿cuáles serán los escogidos? Y ¿para quién serán los bienes producidos?

En los países en que la economía de mercado rige con más plenitud, como Suiza, Irlanda o los Estados Unidos, ninguna autoridad central decide qué cantidades de los distintos bienes han de producirse y cómo han de producirse y distribuirse. No obstante, hay en sus economías un orden que ciertamente no es perfecto, pero que es un orden.

El mecanismo regulador de estas economías son los precios: la mayor o menor demanda de una mercancía se traduce en un alza o baja de su precio, lo cual incita a sus productores y consumidores (actuales o posibles) a elevar o restringir su producción o su consumo. Una mala cosecha eleva el precio, lo cual induce a los consumidores a reducir su consumo y a los agricultores a extender el cultivo. Un descubrimiento técnico que abarata un artículo estimula a consumir más de él. A través de los precios se expresa la voluntad de los consumidores: son éstos los que ordenan qué ha de producirse y lo hacen tan eficazmente como podría hacerlo una autoridad central imaginaria, omnisciente y omnipotente.

Wilhelm Roepke ha destacado la suavidad con que tiene lugar este proceso, que viene a ser un plebiscito continuado, en el cual, cada peseta gastada por cada consumidor es una papeleta de votación, mientras los productores realizan una propaganda electoral a favor de los distintos bienes que producen. "Se logra, pues, una democracia de mercado que supera, por la suave exactitud de su funcionamiento, a la más perfecta democracia política." El mercado, este mecanismo impersonal, determina qué bienes han de producirse: los que0 los consumidores prefieren. Determina también quién ha de producirlos y cómo: son muchos los que quisieran ser empresarios y bastantes los que lo intentan; sólo aquellos que logran satisfacer mejor las necesidades y deseos de los consumidores perduran en su función de empresarios; los demás desaparecen como tales y pasan (si no son tan viejos que se jubilan) a integrarse como asalariados en empresas dirigidas por otros.

El mercado determina también los métodos de producción. Casi todas las mercancías pueden producirse de muchas maneras, de muchas más de las que cree la mayoría de la gente. En la industria, en la agricultura y en el comercio, no puede decirse que todos los caminos llevan a Roma, pero sí que puede irse a Roma por muchos caminos. Puede producirse trigo cultivando la tierra con mayor o menor intensidad, regándola o no regándola, con unas u otras cantidades de unos u otros abonos e insecticidas, con más o menos tractores y cosechadoras, que pueden ser de mayor o menor potencia y eficacia. En la industria, generalmente, el número de posibles combinaciones de los factores de producción es mayor todavía que en la agricultura. El mercado selecciona entre todos ellos: los más eficaces, los que pueden obtener los mejores resultados con el menor coste, tienden a ser adoptados por todos los empresarios; los empresarios que no quieren, no saben o no pueden adoptarlos son eliminados por la competencia.

La demostración de que en una economía de mercado, en la que el Estado no interviene, hay tendencia a un orden, al equilibrio de los precios y de las cantidades de las mercancías producidas, ha sido cada vez más rigurosa, a través de la historia de la ciencia económica. Tres nombres señalan tres momentos importantes. Adam Smith afirmó esta tendencia basándose en la observación general de los procesos económicos, y durante un siglo esta observación y la autoridad del gran economista escocés fueron para muchos prueba suficiente.

En 1874, el francés Léon Walras (1834-1910), profesor en la Universidad de Lausanne, expuso la idea del equilibrio económico. Mediante sistemas de ecuaciones mostró cómo en el universo económico todos los precios y cantidades de mercancías producidas se influyen mutuamente, de manera análoga a como en el universo físico todos los cuerpos y sus movimientos se influyen. Walras mostró asimismo con sus ecuaciones cómo tienen lugar los procesos de ahorro y capitalización.

Schumpeter afirmó que Walras era el más grande de los economistas porque la idea del equilibrio general es la más brillante de la ciencia económica. Y sostuvo que no puede ser superado porque esta idea sólo puede ser descubierta una vez.

Recientemente, Gérard Debreu, economista francés, nacido en 1921, que trabaja en Estados Unidos, y Kenneth Arrow, economista norteamericano, han completado y perfeccionado la concepción de Walras. Debreu, en su libro *Theory of Value*, publicado en 1959, ha hecho ver que las ecuaciones de Walras mostraban solamente que los procesos económicos podían producirse de una determinada manera, no que tuvieran que hacerlo necesariamente. Debreu ha demostrado que en las circunstancias postuladas habrán de hacerlo así. De esta manera la demostración ha quedado completa.

La prueba de Debreu no convencerá a todos los adversarios de la economía de mercado. Porque sus argumentos suponen unas circunstancias que no coinciden exactamente con el mundo real. Suponen que los precios y los salarios son perfectamente flexibles; que los productores y los consumidores no son suficientemente grandes para crear situaciones de monopolio ni de oligopolio, ni influyen sobre el gobierno a fin de obtener de él medidas que les favorezcan; que ninguna empresa tiene costes decrecientes; que no hay economías ni deseconomías externas, es decir, que el funcionamiento de unas empresas no crea ventajas ni obstáculos para el funcionamiento de otras; etc., etc. Es decir, en el modelo de Debreu la libertad de contratación es completa para todos y la competencia es perfecta. Pero quien lea con serenidad y calma los libros de Adam Smith, Léon Walras y Gérard Debreu, o resúmenes bien hechos de sus ideas, observará sin duda una coincidencia de éstas con sus propias observaciones de la realidad.

La economía de mercado aprovecha las inteligencias, los conocimientos, las aptitudes de todos los hombres. Cada uno de ellos organiza la producción y el consumo, en cuanto a él le concierne, utilizando las fuerzas de su inteligencia, de su voluntad y de su cuerpo; todas ellas cooperan a los resultados que se obtienen. Los economistas hablan de los "datos" de un determinado sistema económico; tales datos son una cantidad elevadísima de cifras, de circunstancias, de conocimientos, de gustos y preferencias, etc.; estos "datos" no existen en ninguna mente, ni en ningún sitio, en forma de conjunto; están dispersos en fas inteligencias de las personas que forman parte de la comunidad. Nadie conoce todos los "datos" de una economía; por lo tanto tampoco conoce todas las alternativas abiertas a un empresario para producir a unos determinados precios.

A propósito de esto, Hayek ha dicho:

> En la sociedad moderna, en la cuctl la mayor parte de las personas trabajan al servicio de otras, aquellas personas no se dan cuenta de este hecho sorprendente: suponen tácitamente que por lo menos los que dirigen sus esfuerzos saben quiénes serán los consumidores finales de sus productos, y de quién provienen los materiales e instrumentos que usan. Pero, desde luego, esto es una ilusión. El director de una empresa puede contar con que venderá sus productos a algunos clientes conocidos, pero esto será por lo general el primer paso solamente de una larga cadena que se ramifica en muchas direcciones; de esta cadena y de la longitud de sus varias partes hasta que se llega a los consumidores finales, el empresario sabe tan poco como sus trabajadores. Y aunque el empresario puede tener una idea bastante clara de las personas de quienes él espera comprar lo que necesita, no puede tener mucho conocimiento de las fuentes más remotas de las cosas que ha de comprar.[7]

---

[7] *La ampliación del mercado y el orden económico,* conferencia pronunciada en. la Cámara de Comercio e Industria de Madrid el día 30 de octubre de 1984, pp. 13 y 14.

Así pues, la economía de mercado utiliza y aprovecha las aptitudes de todos los miembros de la comunidad, los conocimientos e informaciones esparcidos en millones de mentes. En cambio, en una economía plenamente colectivista, se utilizarían solamente las inteligencias y los conocimientos de las autoridades y de los expertos de varia clase que les ayudaran en su tarea; el resto de los habitantes del país se limitarían a obedecer pasivamente y a ejecutar las órdenes recibidas. Esta diferencia puede sugerir la sospecha de que los resultados de la economía de mercado serán superiores. En una economía intervenida, se utilizan también las fuerzas físicas, intelectuales y morales de todos los habitantes, pero a tales fuerzas no se las deja actuar con libertad; son objeto de constantes represiones, coerciones y desviaciones. Cuanto más numerosas sean estas, menor será el aprovechamiento de las facultades individuales. En los países comunistas, los obstáculos al aprovechamiento de estas facultades son máximos y el rendimiento de las mismas, mínimo.

Las intervenciones del Estado en la economía tienden a suscitar nuevas intervenciones. Si, por ejemplo, interviene en los precios, los problemas y dificultades que crea con ello le impulsan a nuevas intervenciones, las cuales le conducirían, si no reaccionara a tiempo e hiciera marcha atrás, al colectivismo completo. Un proceso de esta clase, que hemos visto muchas veces, es el siguiente. El gobierno fija los alquileres de las viviendas por debajo de los precios de mercado. Esto logra una aprobación casi general: se cree que el inquilino es una persona modesta explotada por el propietario de la vivienda, que es rico. Generalmente, la intervención del gobierno consiste en congelar los alquileres vigentes en un cierto momento; la inflación los deja pronto en un nivel inferior al del mercado; la demanda de viviendas aumenta, la oferta disminuye: nadie deja una vivienda arrendada aunque su familia se haya reducido, incluso aunque no la necesite en absoluto, y nadie construye nuevas viviendas ni da en arriendo las construidas. Los matrimonios jóvenes no encuentran dónde vivir. La experiencia revela que no todos los inquilinos son pobres ni todos los propietarios de casas ricos, ni mucho menos. Se dictan leyes complicadas que tratan de conciliar las pretensiones de unos y otros, sin lograrlo. Ante esta situación, los gobiernos y los municipios se deciden a construir casas. Pero la inflación y la poca aptitud de la Administración para esta actividad hacen que las nuevas viviendas resulten más caras que las antiguas. La gente se queja. El gobierno fija el precio del cemento y de los demás materiales de construcción. La demanda de los mismos aumenta, su oferta se reduce y aparece su escasez. Creemos que no es necesario proseguir: son procesos que los lectores de alguna edad han presenciado muchas veces. Esta experiencia concreta ha calado en la opinión pública y hoy las medidas para reducir los alquileres no son tan populares como fueron medio siglo atrás.

La economía de mercado estimula el progreso técnico. En primer lugar, crea la división del trabajo; esta no nació por orden de la autoridad política, ni tan solo por un acuerdo explícito de los particulares; no hubo un pacto en que dos hombres convinieron que uno sería agricultor y el otro pastor y después intercambiarían sus productos. Esto se hizo en forma espontánea y el acuerdo fue tácito; posteriormente, la división del trabajo se hizo cada vez más detallada: unos hombres se hicieron relojeros y otros zapateros; más tarde se montaron fábricas de zapatos y de relojes en las que cada obrero realizaba sólo una parte de las tareas necesarias para producir zapatos o relojes. Y así sucesivamente. La concentración de la actividad y la atención de empresarios y trabajadores en círculos cada vez más pequeños estimuló la inteligencia para obtener resultados mejores con menos esfuerzo. Este es el origen del progreso técnico y realmente no ha y otro. Este progreso, que ha permitido poner un hombre en la luna y dar a los trabajadores de los países industriales un nivel de vida que en tiempo de Marx no soñaba nadie, es casi totalmente fruto de la iniciativa privada. Las empresas estatales apenas han hecho descubrimientos técnicos. Tras casi setenta años de comunismo en Rusia, el mayor deseo de los expertos y de los políticos de aquel país es lograr el acceso a la tecnología occidental.

VII
EL COLECTIVISMO Y EL CÁLCULO ECONÓMICO

Dijimos que a primera vista la economía centralmente dirigida parecía un sistema más razonable que la economía de mercado. Vimos cómo el mecanismo de los precios creaba un orden dentro de la economía de mercado. Vamos a ver ahora cómo la ausencia de precios hace imposible el cálculo económico en el colectivismo.

El primero que vio esto con claridad fue Ludwig von Mises en su artículo "El cálculo económico en un Estado socialista", publicado en 1920, y en su libro *El Socialismo,* aparecido dos años después. A Mises corresponde el mérito de haber planteado el problema central del colectivismo: la posibilidad del cálculo racional en el mismo. Científicos comunistas, como Oskar Lange, lo han reconocido abiertamente.

Vimos que todo sistema económico ha de resolver tres problemas: ¿Qué bienes han de producirse? ¿cómo? y ¿Para quién? Tradicionalmente, la economía de mercado (más o menos dificultada por intervenciones) ha resuelto los tres de manera lógica, racional y coherente, gracias al sistema de precios formados libremente. Y los ha resuelto sin que casi nadie se diera cuenta de su planteamiento. Por ello, los colectivistas creyeron que no existían realmente y que tampoco existirían en un régimen colectivista.

El cambio social en Rusia el año 1917 los planteó ineludiblemente. Mises mostró que en una economía colectivista no hay precios propiamente dichos, precios de mercado; si en ella hay algo que se llama precios, es fruto de decisiones arbitrarias de la autoridad. Y esta, privada de precios, no puede regir la economía más que con otras decisiones igualmente arbitrarias.

El socialismo es la abolición de la economía racional. Podemos imaginar una futura sociedad socialista. Habrá centenares y miles de empresas en acción. Muy pocas de ellas producirán mercancías listas para el uso; en la mayor parte de los casos, lo que se producirá serán mercancías semimanufacturadas y bienes de producción. Todas estas empresas estarán interrelacionadas. Cada una de las mercancías atravesará una serie completa de etapas antes de estar lista para el uso. Sin embargo, en la actividad incesante de este proceso, la Administración carecerá de medios para comprobar su gestión. Nunca estará capacitada para decidir si un determinado bien no ha permanecido durante un tiempo excesivo en el proceso de su producción, o si no se rha malgastado trabajo y materiales en su elabora.ción. ¿cómo será capaz de decidir si este o aquel método de producción es el más ventajoso?[8]

Imaginemos la construcción de un nuevo ferrocarril. Ante todo, ¿ha de ser construido? En caso afirmativo, ¿cuál de todas las posibles rutas ha de ser escogida? En una economía monetaria y competitiva, estas cuestiones serían resueltas por el cálculo monetario. El nuevo ferrocarril hará menos caro el transporte de algunas mercancías, y puede ser posible calcular si esta reducción de gastos supera los ocasionados por la construcción y mantenimiento del ferrocarrril.[9]

Pero estos cálculos solo pueden hacerse con precios expresados en dinero. En una economía colectivista no se

---

[8] Versión inglesa del artículo de Mises «Economic Calculation in the Socialist Commonwealth», incluida en el libro de Hayek *Collectivist Economic Planning,* p. 106.

[9] Artículo mencionado de Mises, p. 108.

puede expresar horas de trabajo, hierro, carbón, materiales de construcción, maquinaria y las otras cosas necesarias para construir un ferrocarril, en una unidad común, y por lo tanto no es posible ningún cálculo. Es cierto que el cálculo monetario tiene susdefectos e inconvenientes, pero no disponemos de nada mejor para sustituirlo.

Si una economía colectivista sucediera en el tiempo a una economía de mercado sin realizar en ella ninguna modificación, al principio podría estar organizada racionalmente. Y si en el futuro no cambiase ninguna circunstancia de esta economía, si se convirtiera en estática, la racionalidad persistiría indefinidamente. Pero en la práctica esto es imposible: no es imaginable que una economía de mercado fuera sustituida por una economía colectivista sin realizar en ella cambios profundos; y no puede haber una economía estática: las circunstancias económicas varían constantemente.

Si una economía colectivista coexistiera con economías de mercado, estas podrían proporcionarle los datos (los precios) que le orientarían para organizar sus procesos de producción y consumo. Mises aconsejaba a los colectivistas que si en un cierto momento histórico pudieran implantar su régimen en todo el mundo, no lo hicieran: que escogieran un país y respetaran en él la economía de mercado. Él les podría suministrar los datos que no pueden obtenerse de otra manera.

Descuidos verbales de Mises dieron lugar a controversias innecesarias y estériles. En algún momento este autor dijo que el colectivismo no podía funcionar. A esto se replicó que en Rusia el comunismo hacía años que funcionaba. A esta afirmación hay que observar que, como dijimos, Rusia no intentó ser una economía colectivista más que en los primeros tiempos después de la Revolución de 1917, con resultados catastróficos; a partir de 1921, Lenin procuró corregirlos, introduciendo elementos de economía de mercado que desde entonces han sido importantes. Además, Rusia vive en un mundo en que esta domina, todo lo cual le suministra datos o precios que le ayudan a orientar su organización. Pero incluso una economía puramente colectivista podría funcionar; en definitiva, una economía "funciona" hasta que se muere de hambre el último consumidor. Lo que Mises quiere decir es que una ecémomía colectivista no puede funcionar racionalmente, con arreglo a un criterio científico. Las decisiones de la autoridad sobre los bienes que van a producirse, sobre los métodos de producción, sobre la distribución de los bienes producidos, obedecen a intuiciones, impresiones o impulsos; el gobierno no tiene argumentos para probar que estas decisiones son mejores que otras.

Una solución a este problema se buscó hace muchos años en la teoría marxista del valor trabajo; tal vez hay todavía quien crea que pueda encontrarse en ella. Según esta teoría, el valor de las cosas está determinado por la cantidad de trabajo necesario para producirlas. A la observación de que no todas las clases de trabajo son iguales, se ha contestado que las cantidades de trabajo más difícil o más técnico pueden reducirse a trabajo no especializado multiplicándolas por ciertos coeficientes. De esta manera una hora de trabajo no especializado puede tomarse como unidad de valor. El valor de todas las cosas se mediría en horas de trabajo no especializado. Si para producir una mercancía se necesita capital, su valor se calcularía teniendo en cuenta las horas de trabajo no especializado necesarias para producir el capital. Todas estas mediciones servirían a la autoridad para organizar racionalmente los procesos de producción y de consumo.

Pero, en primer lugar, aun suponiendo que pudieran superarse las dificultades para hacer esta valoración de las mercancías en horas de trabajo, a las que en seguida nos referiremos, la valoración no podría servirnos de guía para determinar qué mercancías han de ser producidas: estas dependen en buena parte de las necesidades y gustos de los hombres, que además varían constantemente.

Las objeciones que pueden dirigirse a esta apelación a la teoría del valor trabajo se apoyan, en definitiva, en la falsedad de la misma. No es posible reducir todas las clases de trabajo a trabajo no especializado, ni tiene esta reducción ningún sentido. La reducción del capital a horas de trabajo ofrece dificultades insuperables. Para producir mercancías se necesita además de trabajo y capital, factores de producción naturales, sobre todo tierra, que son escasos. Cuando se desea aumentar la producción de una mercancía que requiere tierra escasa de cierta calidad, no basta con aumentar proporcionalmente las horas de trabajo no especializado dedicadas a su producción.

Si un gobierno tratara de organizar sus producciones sobre los cálculos del valor de las mercancías en horas de trabajo (hechos cerrando los ojos a las objeciones expuestas), sus decisiones no dejarían de ser arbitrarias. Suponer que dos consumidores a los que se dieran combinaciones de bienes distintas que el gobierno hubiese valorado en el mismo número de horas de trabajo se sentirían tratados equitativamente, es una hipótesis gratuita. Y si dos Estados colectivistas realizasen intercambios comerciales, verían pronto que la igualdad del número de horas de trabajo necesarias para producir las mercancías intercambiadas no satisfacía a uno de ellos y probablemente a ninguno de los dos.

En definitiva, la teoría del valor trabajo es inútil para organizar científicamente una economía colectivista. Esta idea, que el año 1917 pareció interesante a políticos y funcionarios rusos, hoy ha sido prácticamente olvidada.

Otra solución al problema del cálculo económico en una sociedad colectivista se ha querido buscar en las consideraciones siguientes. En una gran empresa que funciona dentro de una economía de mercado, cada fábrica, sector o grupo suele llevar una contabilidad separada. En esta contabilidad se calculan los gastos de cada sector en materiales o productos semimanufacturados que recibe de otros sectores y en mano de obra. Se calcula asimismo el valor de los artículos acabados o semimanufacturados que el sector en cuestión entrega a otros sectores. De esta manera se determinan sus beneficios o pérdidas.

Estos cálculos no dan lugar a ningún pago, pues todos los sectores o grupos pertenecen a la misma empresa. Pero gracias a ellos, los gestores de esta pueden saber con qué éxito ha funcionado cada sector, y de ahí pueden deducir consecuencias sobre la conveniencia de reorganizarlo, ampliarlo, reducirlo o suprimirlo, y sobre la conveniencia de ampliar, reducir o suprimir otros sectores existentes o de crear sectores nuevos.

Estos cálculos encuentran obstáculos. Uno de ellos es la asignación de los gastos generales de la empresa a cada uno de los distintos sectores. Otro es la valoración de la amortización de la maquinaria al tratar de determinar los beneficios de un sector. Pero estos obstáculos no son insuperables: simplemente crean un margen de error que hay que aceptar. Otro obstáculo de estos cálculos es la inseguridad de las circunstancias en el futuro, pero esto es algo que se da en todos los cálculos relacionados con una economía dinámica, como es la nuestra.

Hay quien ha creído que en una economía colectivista podría procederse de manera parecida: cada empresa o grupo económico habría de calcular sus gastos e ingresos, aunque no se hicieran los pagos correspondientes, ya que todas pertenecen al Estado. Pero con estos cálculos se determinaría los beneficios o pérdidas de cada empresa, y la autoridad económica tendría datos y elementos de juicio para reorganizar, ampliar, reducir o suprimir unas u otras empresas. Pero esta idea no es válida. En las empresas que actúan en una economía de mercado, estos cálculos son posibles porque hay precios de mercado; gracias a ellos se miden las materias primas, los productos semimanufacturados, los salarios, los intereses de los capitales utilizados. Todos estos conceptos pueden ser reducidos a cantidades de unidades monetarias. En una economía colectivista no hay precios de mercado; a falta de ellos, ningún cálculo económico es posible.

Otra solución se ha propuesto para hacer racional el funcionamiento de una economía colectivista: la competencia simulada. Se ha dicho que la producción y la distribución de los bienes podría confiarse a empresas que competirían entre sí; ello daría lugar a la formación de precios de mercado para todos los bienes, tanto artículos de consumo final, como productos semimanufacturados. Pero los patrimonios de todas las empresas serían propiedad del Estado o de las autoridades económicas centrales; estas nombrarían los administradores de las empresas y les darían instrucciones para vender las mercancías producidas a precios que cubrieran los costes de producción. La competencia entre las empresas las obligaría a una buena gestión, pues los administradores que no pudieran cubrir sus costes serían destituidos. Pero los beneficios de las empresas que los lograran no serían para sus administradores: éstos percibirían solamente un salario fijado de antemano.

Friedrich Hayek ha analizado esta solución en su colaboración al libro *Collectivist economic planning,* editado por él. Esta solución no es impracticable, pero tropieza con tantas dificultades que su valor pragmático es casi nulo. En primer lugar, no hace innecesaria una autoridad económica central fuerte.

Prácticamente tan fuerte como la_que sería necesaria en una economía centralizada, como las economías colectivistas imaginadas por los autores de finales del siglo XVIII y principios del XIX. Esta autoridad habría de tomar muchas decisiones guiada solamente por sus intuiciones, pues no existen criterios racionales que puedan ayudarla. Y es difícil imaginar cómo esta economía podría funcionar con un régimen democrático y liberal; no se ve cómo podrían ser elaborados frenos que se opusieran a la omnipotencia de la autoridad central.

Esta debería delimitar el ámbito de las empresas, determinar qué cantidad de tierra, de capital ya existente y de dinero para adquirir capital circulante habría de atribuirse a cada una de ellas. La dificultad de estas decisiones y la falta de criterios q1:1e puedan servirles de fundamento no es necesario ponderarlas. En segundo lugar, la autoridad central debfría nombrar los administradores o gestores. Probablemente estos noi:nbramientos se basarían en la historia de los candidatos y en exámenes u oposiciones. Todo esto ya son criterios objetivos, pero iqué poco de fiar!

Los administradores de las empresas habrían de ser ocasionalmente destituidos o confirmados. ¿cúáles serían las causas razonables de destitución? Las pérdidas no lo son siempre. En una empresa agrícola podrían ser debidas a una mala cosecha ocasionada por causas naturales. En una fábrica, a un siniestro. En cualquier empresa, a descubrimientos técnicos que dejaran anticuadas su maquinaria o sus instalaciones. Las pérdidas de la empresa podrían ser debidas también a circunstancias desafortunadas, a lo que llamamos mala suerte. La responsabilidad del gestor en todos estos casos sería discutible.

Uno de los elementos de la economía de mercado es el riesgo: el empresario que ve un camino que promete beneficios importantes, pero que puede determinar también pérdidas, pondera unos y otras. Si el negocio sale mal, perderá dinero, tal vez se arruinará, pero si sale bien, se enriquecerá. En definitiva, toma una decisión. Socialmente estos procesos son beneficiosos: a través de ellos tiene lugar el progreso técnico, la adopción de nuevas prácticas comerciales; en definitiva, el aumento de productividad.

Todo esto no es posible en la competencia simulada de la economía colectivista. El gestor de una empresa que se encuentra frente a un negocio que entraña riesgo sabe que si toma la decisión arriesgada y el negocio sale mal, puede ser destituido; si la cosa sale bien y la empresa realiza beneficios, éstos no le alcanzan; si toma la decisión conservadora, renuncia al negocio y evita el riesgo, su posición es segura y no pierde nada.

Es de temer que en esta competencia simulada se tendería a una conducta timorata de los empresarios, y por consiguiente a la renuncia al beneficio social que produce la asunción de riesgos que prometen como media una ventaja.

En definitiva, no cabe esperar grandes resultados de la competencia simulada: para que la competencia sea una base sólida del cálculo económico racional es preciso que vaya unida a la propiedad privada y al riesgo personal.

La opinión colectivista se ha refugiado en la solución de la competencia simulada tras el descrédito a que ha llegado la idea de la economía de dirección central en sentido riguroso. Este descrédito es fruto, por una parte, de la experiencia de los Estados comunistas desde el año 1917, y por otra parte de la admirable labor doctrinal de los economistas neoliberales en los últimos tres cuartos de siglo. Con el abandono de la idea de la centralización económica, los colectivistas han renunciado a los ideales y sueños de más de cien años, los precedentes a la mencionada fecha de 1917. En aquel tiempo sostuvieron que la administración central de la vida económica de un país determinaría una racionalización de los procesos productivos y un aumento considerable de productividad; la eliminación de la actividad egoísta y perturbadora de los empresarios privados permitiría adaptar la producción a las necesidades y deseos de los consumidores; los trabajadores, al saber que de su esfuerzo no se beneficiaría un burgués explotador, sino toda la comunidad, lo redoblarían. Los colectivistas que propugnan la competencia simulada han renunciado tácitamente a todo esto y se conforman con un régimen económico que esperan no funcionará mucho peor que la economía de mercado. Su única ventaja sobre esta es que las actuales rentas del capital y de la tierra serían destinadas a incrementar las rentas del trabajo. Pero es dudoso que este incremento fuera mayor que la disminución que estas rentas experimentarían como consecuencia de la disminución de la productividad general del sistema económico.

La sustitución de la economía de mercado por el colectivismo con competencia simulada daría a los obreros partidarios de éste la satisfacción psicológica de ver desaparecer los ingresos de terratenientes, capitalistas y empresarios, con frecuencia más altos que los suyos; pero aunque el cambio se hiciera en las mejores circunstancias, es casi seguro que los ingresos reales de los trabjadores disminuirían. Y a largo plazo su crecimiento sería menor que el que cabe esperar en la economía de mercado.

Los regímenes económicos vigentes hoy en los Estados comunistas, que varían bastante de unos a otros, se parecen a la competencia simulada más que a ningún otro modelo económico. Hay la diferencia de que la simulación en las economías comunistas no es completa: en algunos casos los empresarios son propietarios de sus empresas y perciben sus beneficios;

ello ocurre sobre todo tratándose de pequeñas empresas; en otros casos, los gestores de empresas estatales participan en los beneficios a través de uno u otro procedimiento.

Se ha llegado a los regímenes actuales de los Estados comunistas a través de influencias prácticas y teóricas: las experiencias históricas por un lado y las influencias de los autores por otro. La del polaco Oskar Lange ha sido muy marcada.

Muchos colectivistas sostienen que la supuesta falta de racionalidad o carácter científico de la economía centralizada tiene importancia relativamente pequeña. Por un lado, no significa una disminución importante del volumen de producción, si esta está técnicamente bien montada. Por otra parte, la instauración de un régimen colectivista tiene efectos psicológicos tan importantes sobre los trabajadores, que estos redoblan sus esfuerzos y compensan así ampliamente aquella disminución.

La disminución de producción determinada por la ausencia de un sistema de precios que oriente los procesos económicos no puede ser medida. Las opiniones de que es pequeña y de que es grande pueden, pues, ser sostenidas. Pero los autores que juzgamos más competentes opinan que es considerable. Y la historia de los Estados comunistas modernos (que solo son parcialmente colectivistas) parece confirmar esta opinión.

Esta misma historia de las naciones comunistas no apoya la idea de que la instauración de un régimen que tiende al colectivismo o trata de implantarlo despierta afán de trabajo y disciplina en el espíritu de los trabajadores.

VIII
ECONOMÍA Y LIBERTAD

Ya hemos visto que la economía de un país de varios millones de habitantes no puede estar realmente centralizada: no es posible que la autoridad política conozca todos los datos y dirija todos los procesos de la producción y del consumo. Pero si imaginamos por un momento que esto es posible, nos encontramos con otra imposibilidad: la de que este país tenga un régimen político democrático y liberal. Es más, el liberalismo político y la democracia exigen una economía de mercado con bastante libertad de movimientos;' A medida que las intervenciones del gobierno en la economía aumentan, el funcionamiento de la democracia y de la libertad política se hace más difícil; cuando la intervención llega a cierto límite (una intervención mucho menor que la existente en los Estados comunistas), la democracia y la libertad política nó pueden funcionar. Un parlamento no puede elaborar un plan de numerosas intervenciones en una economía de mercado: es una labor demasiado vasta y compleja, y los intereses en, juego son demasiado numerosos y de difícil conciliación. Por ello, a medida que en los países parlamentarios las intervenciones en la economía se multiplican, el parlamento va delegando sus funciones rectoras de la vida económica, bien en el gobierno, bien en comités u otros organismos, que actúan despóticamente.

Por otra parte, no es posible, con una política colectivista o muy intervencionista, el turno de los partidos en el ejercicio del poder. Un plan económico consta de muchas partes interdependientes y exige tiempo para ser llevado a cabo. Si cuando este tiempo ha empezado a transcurrir, el partido que lo elaboró fuera sustituido en el poder por otro partido con tendencias distintas, probablemente el nuevo gobierno no querría continuar aquel plan, y le sería difícil corregirlo y adaptarlo a su política; se vería pues obligado a sustituirlo. Esto hace que el partido que elaboró un plan económico se agarre tenazmente al poder.

Hay personas que aceptan que la intensa intervención económica exige un gobierno absoluto, pero creen que este puede limitarse a las cuestiones puramente económicas, mientras que las de otro carácter (culturales, políticas en sentido estricto, religiosas) pueden continuar regidas democráticamente. Esto es una vana esperanza. Los problemas económicos no están separados de los demás, sino relacionados con ellos; las actividades económicas no son fines, sino medios para obtener los fines, y la fiscalización de los medios trae aparejada la de los fines; la dirección por el gobierno de la vida económica implica la dirección de toda la vida humana. Si el gobierno dirige la producción y el consumo, ello significa que pretende decidir qué cantidad ha de producirse de cada clase de alimentos, de vestidos, de libros; qué número de conciertos y representaciones teatrales ha de darse, qué número de autobuses y de trenes de viajeros han de funcionar; todo esto implica a dirección total no solo de la vida económica, sino asimismo de la vida en su más amplia acepción.

Un plan económico es un programa que se supone mejorará la condición general, pero que, en sus detalles, exige sacrificios y perjudica a muchas personas. Si el gobierno permite que se formule una crítica libre que destaque sus defectos, le será difícil exigir su realización. La apología del plan por los órganos gubernamentales va casi siempre unida a la represión de la crítica.

Un plan intervencionista es incompatible con los derechos y libertades humanos elementales. La crueldad de los regímenes colectivistas –Rusia, la Alemania hitleriana– no es casual, es consecuencia inevitable de su sistema económico. En la economía de mercado, los delitos o errores económicos tienen una sanción económica también: el mal empresario quiebra, el mal obrero es despedido. En el Estado colectivista tales sanciones no pueden existir, hay que buscar otras; estas –no pudiendo ser económicas– han de ser necesariamente personales: la cárcel y en último término la pena de muerte. Escribe Hayek:

> Totalitarismo es la nueva palabra que hemos adoptado para describir las manifestaciones inesperadas, pero sin embargo inseparables, de lo que en teoría llamamos socialismo.

El caso de Alemania debería servir de ejemplo a las naciones europeas. Hace ya cuarenta años que pasó Hitler con todos sus horrores. La humanidad ha procurado olvidarlo y en buena parte lo ha conseguido; el olvido tiene sus ventajas pero también sus inconvenientes; sería bueno estudiar y tratar de comprender por qué ocurrieron aquellas cosas. Los orígenes intelectuales del nacional-socialismo son complejos, pero Hayek cree que el factor decisivo fueron las ideas colectivistas, unas veces propugnadas abiertamente, otras bajo la capa de organización y planificación. El partido político que llevó a cabo el ensayo se llamaba socialista, y no por casualidad. Werner Sombart, Johann Plenge y Walter Rathenau tienen más responsabilidad que nadie en la transformación de la Alemania del siglo XIX, de economía más o menos liberal, en la Alemania del socialismo hitleriano. Actualmente, ideas semejantes a las de estos autores circulan en el Occidente de Europa. Muchos creen que su resultado será el establecimiento de un socialismo liberal, democrático, pacifista. Los que siguieron de cerca el desarrollo del nacional-socialismo alemán no pueden hacerse tales ilusiones; tienen la sensación de estar viendo por segunda vez una misma película; si no se frenan las tendencias planificadoras en Francia y en Grecia, estos países pueden acabar siguiendo los modelos alemán y ruso.

John Stuart Mill, que pasó la vida en la cuerda floja entre la economía de mercado y las formas colectivistas, vio, sin embargo, esto muy claro y lo expresó con palabras que vale la pena reproducir:

Si las carreteras, los ferrocarriles, los bancos, las empresas de seguros, las grandes sociedades anónimas, las universidades y las instituciones públicas de beneficiencia fuesen todos ellos ramas del gobierno; si, además, las corporaciones municipales y los otros organismos de administración local, con todas las funciones que hoy desempeñan, se convirtieran en oficinas de la Administración central; si los funcionarios de estas diferentes entidades fueran nombrados y pagados por el gobierno y dependieran de él para cualquier ascenso en su carrera, entonces toda la libertad de la prensa y la constitución democrática del parlamento no harían que este país o cualquier otro fuera libre más que de n.ombre. Y el mal sería mayor cuanto más eficiente y científicamente estuviera construida la maquinaria administrativa, cuanto más ingeniosos fuesen los ordenamientos para obtener las mejores manos y cabezas con que hacerla funcionar.

IX
EL ORDEN INTERNACIONAL

Hemos utilizado tres criterios para escoger entre la economía de mercado y el colectivismo. Podríamos utilizar un cuarto: ¿cuál de estos dos regímenes económicos es más favorable a la convivencia, la armonía y la paz entre las naciones? Casi todos los hombres prefieren la paz internacional a la guerra y a las discordias entre los Estados. Pero para los cristianos la preferencia debiera ser mayor y probablemente lo es. El Cristianismo es una llamada a todos los hombres: no se dirige a los de determinados países o zonas de la tierra; aspira a que sus doctrinas lleguen a todos. Y es probablemente la única religión que ha logrado tener adeptos de todas las razas, de múltiples lenguas, de variada localización geográfica. La confesión cristiana más numerosa, la Iglesia católica, ha tomado como distintivo una palabra que significa "universal".

Pues bien, también en este respecto, la economía de mercado es superior al colectivismo; aquella contribuye más a la armonía y la paz entre las naciones. El resultado de la aplicación de la economía de mercado a las relaciones internacionales es la libertad de comercio internacional, el librecambio: Este significa la posibilidad para todos los hombres de comprar y vender donde quieran, con la menor interferencia posible de las autoridades políticas en sus transacciones. Esto tiene como consecuencia la especialización de cada país en aquellos sectores de la producción, para los cuales tiene ventajas comparadas, el aumento de la producción de bienes en el mundo y un mayor bienestar para todos los pueblos. Un mayor bienestar fruto de la libre cooperación, la cual fomenta las buenas relaciones políticas, y en definitiva la paz. El siglo que va de 1815 a 1914, de Waterloo a Sarajevo, fue el de mayor libertad internacional de comercio en Europa y el de mayor paz. En cambio, el colectivismo plantea el problema de cómo se organizan las relaciones económicas internacionales. Los autores colectivistas guardan sobre él, en general, un silencio embarazado. Con razón, porque el problema es teóricamente insoluble. En un Estado colectivista que abarcara el mundo entero, habría tal vez una autoridad mundial que daría órdenes a las autoridades regionales o locales. Esto se ha expresado en forma vaga y se ha procurado hablar poco de ello, quizás por la buena razón de que nunca el mundo ha estado próximo a esta situación.

Pero ¿qué ocurriría en un mundo formado por Estados políticamente independientes que fueran todos colectivistas o muy intervencionistas? El hecho de que la economía de cada uno de ellos estuviera controlada por su gobierno excluiría la posibilidad de la colaboración espontánea engendrada por la libertad de comercio internacional. Sin mercados nacionales y —probablemente— sin un mercado internacional, ¿cómo se organizarían el comercio y las relaciones económicas entre Estados?

Los primeros economistas colectivistas postulaban economías cerradas. Reservaban el comercio exterior al Estado o se descuidaban de tratar de él. En este último caso, sus razonamientos revelaban que la libertad de comercio quedaba excluida: si el Estado había de dirigir los procesos económicos, los individuos no podían tener libertad para importar y exportar mercancías. La lógica del sistema no admite esta clase de libertad. Este es el caso de Platón, Tomás Moro, Saint-Simon,

Owen y Fourier. Fichte dio a su libro el título inequívoco *Der geschlossene Handelsstaat (El Estado comercial cerrado)*. El aislamiento de las economías de los distintos Estados podría dar lugar a hostilidad internacional. Esta no es una conclusión necesaria, pero sí proba. ¿Qué hemos visto cuando ha habido más de un país comunista? Entre Rusia y las naciones pequeñas y vecinas, la relación ha sido de dominación aceptada a regañadientes. Y cuando ha habido dos Estados de fuerza comparable, Rusia y China, la hostilidad se ha hecho ostensible.

El colectivismo no puede asociarse con la libertad que comprar y vender en los mercados internacionales. La teoría del librecambio, formulada por Adam Smith, perfeccionada por David Ricardo y desarrollada por otros autores, supone la economía de mercado y precios libres en cada uno de los países. Esta teoría propugna la no interferencia de las autoridades, a fin de que los individuos puedan aprovechar las diferencias internacionales de precios y tender así a eliminarlas. Nada de esto es practicable en una economía en la cual la producción de mercancías y su distribución en el país está en manos del gobierno. En una economía colectivista no es posible mantener la doctrina del librecambio.

No obstante, en el siglo XIX y principios del XX, se creyó compatible el socialismo con el librecambio. La historia de este episodio intelectual constituye un homenaje involuntario del colectivismo a la libertad. En el período referido, los socialistas y comunistas se consideraban a sí mismos internacionalistas, y mucha gente aceptaba esta pretensión. El objetivo de los socialistas era entonces la abolición de los Estados nacionales y la creación del Estado mundial. Sus organizaciones se llamaban Internacionales Obreras. Era creencia frecuente que socialismo e internacionalismo iban juntos, y que capitalismo y nacionalismo iban juntos también. El socialismo implicaba la fraternidad de todos los hombres, mientras que el capitalismo implicaba el dominio de los gobiernos por las fuerzas plutocráticas y la inevitable confrontación de intereses de los distintos países, es decir, de los distintos grupos capitalistas.

La situación cambió a partir del año 1917. Las Internacionales Obreras han sobrevivido, pero ahora parecen vagos fantasmas desprovistos de base intelectual y de atractivo emocional. Los partidos comunistas y socialistas concentran su atención en sus economías nacionales propias. El socialismo y el internacionalismo se han ido alejando cada vez más el uno del otro.

¿cómo puede explicarse este cambio? ¿Es el nacionalismo actual una desviación transitoria del carácter internacional consustancial al colectivismo? Un examen histórico no confirma esta hipótesis. Por el contrario, sugiere que el colectivismo es esencialmente nacionalista y que su internacionalismo en el siglo pasado y las primeras décadas del actual era una situación pasajera.

En el siglo XIX los partidos socialistas no gobernaron nunca y por lo tanto pudieron predicar doctrinas intrínsecamente contradictorias. El librecambio no estaba de acuerdo con el resto de sus programas, pero les resultaba atractivo por varias razones. U na era la defensa del consumo de los pobres: en un sistema general de economía de mercado el proteccionismo significaba precios más caros de algunos artículos de consumo.

Pero el principal atractivo era la alta estimación del internacionalismo en los siglos XVIII y XIX, debida a la difusión de las ideas liberales. En los siglos XVI y XVII la actitud de unos Estados frente a los otros había sido de competencia y hostilidad; incluso ya en el siglo XVIII, Voltaire escribió:

La naturaleza humana es tal que desear la grandeza de nuestro propio país es desear el mal para sus vecinos... Es claro que una nación no puede ganar si otra nación no pierde *[Dictionaire philosophique,* artículo "Patrie"].

En el siglo XVIII esta concepción fue atacada. David Hume, uno de los fundadores de la economía de mercado, escribía:

En oposición a esta opinión estrecha y maliciosa, me atrevo a afirmar que el aumento de riqueza y comercio de una nación, en lugar de perjudicar, generalmente estimula la riqueza y el comercio de todos sus vecinos; y que un Estado puede difícilmente llevar su comercio e industria muy lejos, si los Estados que lo rodean están sumergidos en la ignorancia, la pereza y la barbarie [...]. Si nuestra estrecha y maliciosa política tuviera éxito, reduciríamos todas nuestras naciones vecinas al mismo estado de pereza e ignorancia que prevalece en Marruecos y en la costa del oeste africano. Pero ¿cuál sería la consecuencia? No podrían enviarnos mercancías. No podrían comprarnos ninguna. ¡Nuestro mismo comercio interior languidecería por falta de emulación, ejemplo y enseñanza! Y nosotros caeríamos pronto en la misma abyecta condición a la cual las habíamos reducido. Por esto me atreveré a reconocer que no solo como hombre, sino también como súbdito británico, ruego por el comercio floreciente de Alemania, España, Italia, e incluso de la misma Francia [*Of the Jelousy of Trade*].

Estas ideas fueron aceptadas y desarrolladas por Adam Smith y otros muchos autores. El dominio que lograron en la opinión pública hizo que la política comercial en las últimas décadas del siglo XVIII y las primeras del XIX tendiera hacia el librecambio en todos los Estados europeos.

La libertad de comercio dentro de los Estados y entre ellos produjo un gran aumento de prosperidad y de bienestar. Dio además paz, orden y dignidad a la vida humana. Los gobiernos respetaron cada vez más a los extranjeros y a su propiedad, incluso en caso de guerra. Los viajes internacionales se hicieron más libres de lo que habían sido hasta entonces. El dinero de todos los países pasó a ser convertible. Con la división internacional del trabajo, las economías nacionales se integraron, aunque la palabra integración era desconocida. Todo esto tuvo influencia en el pensamiento socialista o por lo menos en la táctica socialista. En la atmósfera de entusiasmo por la libertad de comercio, predicar el aislamiento nacional habría parecido traicionar la causa del progreso y habría significado un suicidio político. Por ello, los partidos socialistas se declararon a favor del librecambio. Incluso algunos de los colectivistas más extremados hicieron declaraciones en este sentido; en Francia en los últimos años de la monarquía de Luis Felipe y los primeros después de la Revolución de 1848, los seguidores de Charles Fourier se aliaron con los liberales en la defensa del librecambio.

La reacción proteccionista que se inició alrededor de 1880 en Alemania y se extendió desde allí a Francia, Italia, España y otros países dio razones adicionales a los socialistas para propugnar el libre cambio: los partidos políticos que defendían el nuevo proteccionismo eran los conservadores; los liberales seguían defendiendo el libre cambio y los socialistas se aliaron con ellos. En Alemania el principal partido que combatió la política nacionalista de Bismarck y del Kaiser Guillermo II hasta el final de la Primera Guerra Mundial fue el Socialdemócrata. Como éste partido estuvo siempre en la oposición, podía atacar al capitalismo, el proteccionismo y el militarismo de los gobiernos, y prometer, para el día que gobernara, una política totalmente contrarí, es decir, socialista, librecambista y pacifista. La influencia que los socialdemócratas alemanes tenían en los socialistas de otros países y en la opinión pública general convenció a mucha gente de que socialismo y armonía internacional eran la misma cosa.

Pero en 1917, los comunistas se hicieron dueños del poder en Rusia y en 1918 los socialdemócratas formaron un gobierno en Alemania. Poco después, varios Estados europeos tuvieron gobiernos más o menos influidos por los partidos socialistas. La llegada al poder les reveló las contradicciones internas de sus programas del siglo XIX, que combinaban el control de la economía por el Estado con el libre cambio. Su meta última de un Estado mundial no fue desechada explícitamente, pero retrocedió en su perspectiva. Los comunistas establecieron en Rusia un régimen casi autárquico con un pequeño comercio exterior en manos del gobierno.

Los partidos socialistas de los Estados capitalistas, después de 1918, intentaron llevarlos gradualmente al socialismo, y al hacerlo olvidaron sus tradiciones librecambistas y adoptaron las políticas proteccionistas entonces en boga. Cuando llegó la gran depresión (1929-1939), los socialistas no discreparon de los otros partidos en sus políticas comerciales exteriores, que consistieron generalmente en restringir las importaciones.

Si los partidos socialistas abandonaron las doctrinas librecambistas tan pronto como llegaron al poder, no lo hicieron por casualidad ni por deslealtad a sus ideas: no podían haber hecho otra cosa.

Las políticas proteccionistas e intervencionistas de los años 1929-1939 contribuyeron a desencadenar la Segunda Guerra Mundial. La importancia de esta contribución puede discutirse, pero el hecho de que existió es innegable: las guerras comerciales de aquellos años desembocaron en una guerra de otro carácter.

En los momentos actuales, en todos los países no comunistas, los partidos políticos más favorables a la economía de mercado lo son también a la libertad de comercio exterior, a la apertura al extranjero, a la cooperación internacional. Los partidos colectivistas propugnan las restricciones a las importaciones, el nacionalismo económico, y que en definitiva el gobierno controle la economía exterior del país como la economía interna. Esta es una regla prácticamente sin excepciones: se cumple en Alemania occidental, en Suiza, en Francia, en Italia, en Gran Bretaña, en Estados Unidos, en Japón.

En los países comunistas las consecuencias inevitables de su régimen económico en el campo internacional se manifiestan claramente. El dominio de la economía de cada país por su gobierno hace que el comercio entre ellos sea relativamente pequeño y que todos se miren con hostilidad. Rusia intenta coordinarlos, pero la coordinación es considerada por los demás como dominación y, en consecuencia, resistida. En enero de 1949 se creó un Organismo de cooperación internaciortal que suele llamarse Comecon, constituido entonces por la Unión Soviética, Polonia, Rumanía, Bulgaria, Checoslovaquia y Hungría. Después han ingresado otros países comunistas. Su objetivo es estimular la división del trabajo entre las economías comunistas e incrementar el comercio entre ellas. Pero la ausencia de precios de mercado propiamente dichos y la rigidez de sus estructuras controladas por sus gobiernos ha hecho que los resultados del Comecon sean limitados.

X
OBJECIONES A LA ECONOMÍA DE MERCADO

1. El afán de lucro no puede ser la base de la vida social

Contra la superioridad de la economía de mercado y la consiguiente preferencia por ella se alegan multitud de objeciones. Vamos a examinar las más frecuentes. Podemos empezar por la aversión que algunos cristianos sienten hacia este régimen económico. Dicen: ¿cómo puede parecerle bien a un cristiano una organización social que coloca al egoísmo en su centro? El mercado significa preferir la competencia a la colaboración en los procesos de producción y distribución; convertir la vida económica en un combate en la jungla. La economía de mercado considera al beneficio personal como el motor del mecanismo de la producción y la distribución de los bienes. ¿puede Dios haber creado el mundo para destinarlo a funcionar de esta manera?

Pero la economía de mercado no es un combate en una jungla: se encuadra en un marco jurídico, en leyes iguales para todos, en la seguridad, en la paz. El mercado es en cierto sentido una institución "natural": no nació por imposición de la autoridad política, ni fue la invención de un economista o un pensador; nació espontáneamente porque a los hombres les pareció ventajoso cooperar, intercambiando bienes. Pero el mercado no es "natural", en el sentido de que pueda funcionar si no hay unos prerrequisitos de carácter ético y jurídico. El hombre no llega al mercado con todas sus facultades buenas y malas y las pone en juego en él. El mercado pudo nacer porque había cierta estabilidad jurídica, y solo la consolidación de esta estabilidad ha permitido su desarrollo. Para poder tomar parte en el mercado, los hombres tuvieron que renunciar a la violencia y someterse a reglas que aseguran la paz. El mercado es todo lo contrario de la jungla: es libertad, igualdad jurídica, negociación pacífica.

En la moderna literatura colectivista inglesa, es frecuente la contraposición entre *production for profit, producción motivada por el beneficio, y production for service, producción motivada por el servicio social, por el deseo de elevar el bienestar de la comunidad.* Según esta literatura, solo la segunda es éticamente aceptable; la primera es propia de personas moralmente poco fiables.

Esta actitud supone implícitamente que los dos móviles son igualmente eficaces para poner en marcha los mecanismos productivos. O por lo menos que el segundo es casi tan eficaz como el primero, de manera que si nos apoyáramos exclusivamente en él, tal vez la producción de bienes sería un poco menor, pero este inconveniente estaría ampliamente compensado por una mejor distribución de la riqueza y por un ambiente moral más puro.

Pero si el deseo de beneficios económicos personales es un móvil mucho más eficaz para elevar la producción de bienes, la idea de apoyarnos exclusivamente en la producción motivada por el servicio resulta fatal. Vivimos en un mundo pobre, la mayoría de cuyos habitantes no tienen cubiertas sus necesidades elementales. Tenemos la obligación de hacer lo posible para corregir esta situación. Como dijo Marshall, al servicio de esta tarea, hemos de alistar no solo los impulsos de la naturaleza humana más nobles, sino también los más fuertes.

Sobre esta materia, las palabras de Philip H. Wicksteed son esclarecedoras:

> Vamos, pues, a emprender un estudio expreso de la fuerza económica, no porque sea una cosa mala que debemos procurar eliminar, ni porque sea una cosa buena a la cual podamos abandonar nuestras vidas con serena confianza, sino porque, en un mundo en que el bien y el mal andan mezclados, es una fuerza siempre activa en producir y ampliar efectos buenos y malos; una fuerza que no podemos destruir o adormecer, pero que en una cierta medida podemos controlar y dirigir; y una fuerza, por consiguiente, cuya comprensión es de la máxima importancia para el bienestar social[10].

Millones de hombres, mujeres y niños se mueren de hambre cada año porque algunas personas de buena fe se han empeñado en prescindir de esta fuerza y en organizar la economía del mundo utilizando solamente los impulsos más nobles del hombre y descuidando los más fuertes.

A primera vista, el desdén hacia el trabajo motivado por el beneficio puede parecer noble y elevado. Cuando se lo examina bien, en el contexto del mundo en que vivimos, aparece como una posición aristocrática, egoísta y dura hacia los pobres. En el mundo hay miseria y hambre. Para luchar contra ellos, todos los métodos que no sean intrínsecamente inmorales son deseables. Pero la posición que criticamos solo acepta los móviles humanos más elevados. Los partidarios de la economía de mercado creemos que si uniendo al carro del desarrollo el deseo de beneficio personal, podemos eliminar la miseria y el hambre con más rapidez, vale la pena utilizar este estímulo. Los que aspiran a una perfecta pureza social y

---

[10] *The Common Sense of Political Economy,* tomo I, p. 211.

miran esta posición con desvío, generalmente tienen ampliamente cubiertas sus necesidades personales.

Por otra parte, examinemos con un poco de atención el valor moral de este deseo de beneficio personal. Los hombres que se esfuerzan en aumentar sus ingresos, ¿para qué los quieren? Los colectivistas dan por sentado, sin tomarse la pena de discutirlo, que los desean para finalidades –egoístas". Ahora bien, en la gran mayoría de los casos, sin duda en más del 95 por 100 de ellos, los quieren para atender mejor a su familia, facilitándole formas de consumo y de inversión que no son sólo personalmente satisfactorias, sino también socialmente útiles: para mejorar su alimentación, para sufragar sus gastos médicos, para costear los estudios de los hijos, para comprar libros y suscribirse a revistas que casi siempre tienen valor educativo, para ir al teatro, a los conciertos, para hacer excursiones y viajes. Que en estos gastos figura a veces el tan decantado abrigo de visón es cierto, pero ¡qué pequeña importancia cuantitativa tiene esta clase de gastos en relación con los totales gastos familiares!

En algunos casos, no la mayoría, pero tampoco escasos, la finalidad última del hombre que tiene deseo de beneficio personal es más elevada todavía: es la caridad, la beneficencia, el fomento del arte y la cultura. La experiencia nos enseña que muchos hombres que han pasado su vida trabajando arduamente con la finalidad de tener ingresos cuantiosos, que en buena parte han sido ahorrados, los han dado en su testamento o antes de él a finalidades altruistas. Hay en el mundo muchos hospitales, asilos, fundaciones, escuelas, universidades y museos pagados en todo o en parte por la generosidad de donantes.

El criterio para determinar si un hombre es o no egoísta no es la precisión, exactitud o éxito con que negocie. Es la finalidad que persiga y el destino que dé a sus ganancias. El administrador de un hospital, de una universidad o de unos huérfanos no es egoísta, sino todo lo contrario, cuando procura que su gestión produzca los mejores resultados posibles para sus administrados. (Y tales administradores suelen ser particularmente cuidadosos.)

Todo hace creer que, dada la naturaleza humana, poner en marcha los procesos económicos solamente con los impulsos más nobles del espíritu sería tarea imposible. La mayor parte de la población no respondió a ellos. Decía Proudhon que el hombre está dispuesto a morir por sus semejantes, pero no a trabajar por ellos. Precisando Un poco, podríamos decir que el hombre está dispuesto, en momentos excepcionales, y bajo el influjo de em,Jciones intensas, a hacer grandes sacrificios por sus semejantes a dar su vida por ellos y a trabajar cierto tiempo sin recompensa o con recompensa inadecuada. Lo que la gran mayoría de hombres no está dispuesto a hacer es trabajar duramente y con entusiasmo durante largo tiempo y en circunstancias normales de la vida, sin más recompensa que la satisfacción del deber cumplido.

El mundo no está compuesto solo de santos y de héroes; la economía de mercado es plenamente consciente de este hecho y trata de organizar la producción y el consumo de forma que el hombre de elevación espiritual normal se integre en él sin violencia y con eficacia.

Los regímenes político-económicos que no han querido utilizar el móvil económico, con frecuencia han empleado otros dos móviles menos nobles que él: el miedo y la vanidad. En los primeros tiempos de la Rusia soviética, el terror sustituyó al deseo de beneficio: el obrero que fingía una enfermedad para no trabajar y el director de una empresa que no realizaba la tarea marcada en el plan se exponían a la cárcel o al fusilamiento. Con la misma finalidad de estimular la afición al trabajo y la eficacia productiva, se emplearon los halagos a la vanidad, las condecoraciones, los elogios oficiales, el estajanovismo.

Desde un punto de vista ético y de elegancia espiritual, ¿qué figura parece más noble: la del padre de familia que trabaja un poco más o se esfuerza por descubrir un nuevo sistema de producción o de organización, con la esperanza de pagar los estudios de sus hijos o de comprarles juguetes caros, o el minero del Estado colectivista que se afana en aumentar su producción de carbón por el miedo a la cárcel, o a que le disminuyan su racionamiento, o con la esperanza de que en el desfile del 1.. de mayo pueda figurar en un sitio de honor?

Y los móviles económicos no solo son moralmente superiores, sino que son más eficaces. Desde la antigüedad se observó que la productividad del esclavo, dominado por el terror, era menor que la del artesano, alentado por la esperanza. Y los países comunistas, a medida que han ido adquiriendo experiencia, han tendido a prescindir del terror y de la vanidad como armas económicas y a confiar en el interés personal, todo lo que su ideología y su estructura permiten.

Podría alegarse que confiar en el interés personal como incentivo social a la producción lleva anejo el peligro de estimularlo excesivamente; que, aun admitiendo que dentro de ciertos límites puede no ser inmoral, darle demasiada importancia política y social hará sin duda que traspase estos límites. Para evitar esta extralimitación y el riesgo consiguiente, conviene tener constantemente reprimido el interés personal.

A estos razonamientos replicamos con la frase de Santo Tomás de Aquino: *Multae utilitates impedirentur si omnia peccata districte prohibirentur* (muchos beneficios se frustrarían si todos los pecados se prohibieran rigurosamente). Esta frase revela la profunda sabiduría y humanidad del gran santo. ¡Cómo contrastan con ella el radicalismo y la estrechez de miras de muchos pensadores modernos! Si el deseo de los hombres de mejorar la propia situación es socialmente ventajoso, respetémoslo y alegrémonos de los buenos resultados que produce para todos. Y no nos preocupemos demasiado de que en algún caso aislado este deseo pueda degenerar.

Si el deseo de mejorar la propia situación está presente en toda la actividad económica, rara vez va solo: la economía de mercado no es un sistema en el cual cada uno de sus miembros se pasa la vida haciendo cálculos de beneficios y pérdidas. En toda decisión económica, al lado del afán legítimo de obtener una ventaja, hay otros objetivos: crear ocupación, mejorar la situación general del país, montar una fábrica o un negocio u organizar un cultivo más eficaces y más interesantes que los existentes, hacer un experimento técnico o social, etc., etc. Hace ya medio siglo, Keynes escribía que la mayor parte de las inversiones han defraudado a sus promotores y que el solo afán de beneficios suscitaría pocas si el hombre no tratara de conseguir alguno de los objetivos citados u otro análogo. El reciente libro *Riqueza y pobreza* de George Gilder observa que la inversión significa entregar dinero ahora con la esperanza de beneficios futuros que podrán producirse o no. Esta operación no es propia del avaro ni del egoísta; estos tienden al atesoramiento y, si acaso, a las inversiones muy seguras. La mayor parte de las inversiones son inseguras y si encuentran hombres que las acometan, es porque además del deseo de beneficios tienen imaginación, creatividad y ánimo sereno para aceptar riesgos.

Por otra parte, sostener que Dios no pudo crear este mundo para que en él funcionara la economía de mercado impulsada por el interés personal es un acto de soberbia.

Pretender averiguar por qué Dios creó este mundo y no otro distinto es, para un cristiano, tarea vana. Ya en el siglo V antes de Jesucristo, el libro de Job nos dijo que este mundo es un misterio. Si la primera virtud, en el orden de la excelencia, es la caridad, la primera en el camino de la formación del cristiano es la humildad. El cristiano ha de aceptar al mundo y a los hombres tales como son, antes de intentar mejorarlos. ¿Hay motivo para sorprenderse o escandalizarse porque Dios haya querido que el interés personal jugara un papel importante en la vida económica? Otros aspectos del mundo pueden sorprendernos más. Dios ha dispuesto que la propagación de la especie humana tenga lugar en una cierta forma. Como dicen los teólogos, los hombres dan órdenes a Dios de crear almas inmortales. ¿y cómo lo hacen? Mediante actos que no se atreven a realizar ante testigos. ¿No resulta esto también sorprendentepara quien no empieza aceptando que el mundo es un misterio?

En definitiva, el cristiano sabe de Dios lo que dice el Credo, y poco más. Adónde quiere Dios llevar a la humanidad, no lo sabe nadie.

2. El aumento de la riqueza no puede ser el ideal de la vida cristiana

El deseo de mejorar la condición material de los hombres y el estudio de los medios para lograrlo han sido censurados y despreciados en algunas culturas y épocas de la historia. Tal vez el ataque má,s rotundo contra ellos es el del poeta inglés William Wordsworth (1770-1850):

High Heaven abhors the lore
of nicely calculated less or more

(El Cielo odia la ciencia
dél más o el menos cuidadosamente
calculados.)

Estas palabras son de un hombre cuyas necesidades están satisfechas y que no da importancia a un poco más o un poco menos de algún bien o de riqueza en general, porque posee la suficiente. Pero el ama de casa que va al mercado con una pequeña cantidad de dinero, ha de hacer muchos cálculos de un poco más y un poco menos, a fin de cubrir las necesidades de su familia de la manera más completa posible. El Cielo no odia su ciencia.

Ha habido cristianos que se han opuesto al estudio de los problemas económicos, al interés por los mismos y a la economía de mercado por considerar que todas estas cosas eran "materialistas" y distraían a los hombres de su verdadera finalidad, la salvación de las almas. Cuando a fines del siglo XVIII y principios del XIX se crearon y propagaron en España las Sociedades Económicas de Amigos del País, hubo eclesiásticos y religiosos que colaboraron en ellas. Pero hubo también que se opusieron a las mismas con el argumento de que incitaban a los hombres a enriquecerse.

Pero los mejores pensadores cristianos han visto las ventajas de tener las necesidades humanas cubiertas, para el progreso intelectual. El padre Rivadeneira, en su biografía de San Ignacio de Loyola, dice que de las dificultades que el Santo tuvo en sus estudios a causa de su pobreza,

le nació el desear y procurar que mientras los de la Compañía estudien tengan la provisión necesaria para la vida humana, de manera' que ho les impida de los estudios la solicitud de buscar su mantenimiento; porque afirmaba que donde hay suma pobreza no es fácil atender al estudio de las ciencias, y que con el cuidado de mantener el cuerpo se pierde mucho tiempo que se había de poner en cultivar el entendimiento. Y así dejó en las Constituciones ordenado que donde los nuestros estudian puedan tener rentas en común.

El bienestar material no solo es premisa necesaria para eL progreso intelectual, sino también, en la mayoría de los casos, para la virtud y la elevación moral. Casi todos los hombres necesitan un bienestar material mínimo para ser buenos. Para el cristiano, la economía de mercado no es la solución de todos los problemas sociales y humanos. Pero es condición necesaria de esta solución. Es el sistema económico en el que todos los hombres acuden al mercado libre y todo lo competitivo que se pueda lograr, y venden en él sus mercancías, su trabajo, sus talentos, el uso de sus tierras y de sus capitales, y con los ingresos o rentas que obtienen de todo esto organizan su consumo y su vida. La economía de mercado no hace nada más.

Ni nada menos: determina la mayor producción de bienes posible; combinada con la garantía de una renta mínima para todos, asegura que no habrá hambre ni desamparo; es condición necesaria para que la democracia y la libertad política puedan funcionar, y es el mejor sistema económico para que pueda reinar la paz internacional.

Sobre la base de la economía de mercado, el cristiano podrá intentar la construcción de un mundo mejor. Esta construcción no será nunca posible en una sociedad colectivista. En ella el Estado controla la vida económica y, por lo tanto, la vida total. En los países comunistas, los cristianos pueden vivir: muy mal, pero pueden vivir; también pudieron vivir (mal) en la Alemania hitleriana. El heroísmo de estos cristianos es un ejemplo perdurable. Lo que no pueden esperar los cristianos es lograr con sus esfuerzos la construcción de una sociedad libre y fraterna en un Estado cuya estructura económica se parezca a la hitleriana o a la comunista.

En los países con economía de mercado, los cristianos han de esforzarse, en primer lugar, en que esta funcione y funcione bien. En que la legislación referente a los procesos económicos esté bien elaborada y sea respetada; en que los contratantes cumplan sus compromisos y que aquellos que no quieran hacerlo sean obligados por procedimientos judiciales eficaces y suaves; en que no surjan formaciones monopolistas u oligopolistas; en que los impuestos sean razonables y pagados por todos; en que la legislación social sea cumplida asimismo, y principalmente que la renta mínima garantizada llegue a todos y se revise periódicamente a medida que se incrementa la renta nacional; etc., etc.

Pero la economía de mercado, aun funcionando a pleno rendimiento, no encarna el ideal del cristiano: para él no es un punto de llegada, sino más bien un punto de partida. Sobre esta base ha de construir su mundo mejor. La economía de mercado no pone ningún límite al amor, la generosidad, la inteligencia y la imaginación que han de consagrar a la construcción de este mundo. No frena la cantidad de recursos que pueden los hombres, voluntariamente y sin la intervención del Estado, destinar a iglesias, hospitales, asilos, universidades, academias y museos. Ni al número de horas que pueden dedicar a satisfacer necesidades materiales o espirituales de otros hombres, cristianos o no. Ni al entusiasmo y caridad que pueden poner en todas estas actividades. Probablemente la mayoría de los cristianos se impondrán a sí mismos obligaciones adicionales a las que exige el funcionamiento de la economía de mercado. Estas obligaciones variarán de unos a otros, según su generosidad y sus circunstancias; pero los cristianos harán bien en no tratar de imponerlas a quien no las sienta: si lo intentaran, perturbarían el funcionamiento de un sistema económico que es el único que puede proporcionar a la vez prosperidad y libertad.

Menos todavía deben tratar de imponer ideas personales que pretenden mejorar el funcionamiento de la economía de mercado. Hemos oído a hombres animados por las mejores intenciones la idea siguiente. Los cristianos deberían asumir la obligación de dirigir sus compras y sus inversiones hacia las empresas que mejor cumplan sus obligaciones sociales (tal como ellos las entienden), es decir, que pagan salarios más altos, se atienen con más rigor a sus deberes fiscales, cuidan mejor de sus trabajadores en casos de crisis y de depresión, etc.

Esta idea no parece viable. Exige a los particulares un esfuerzo superior a sus capacidades y les obliga a aceptar un riesgo excesivo. Los hombres actuales adquieren centenares de artículos de consumo. ¿Cómo pueden saber qué empresas de cada sector cumplen mejor sus obligaciones sociales? ¿y cómo aconsejar a los inversionistas que encaminen sus ahorros a las empresas que creen realizan una mejor labor social y no a aquellas que garantizan una renta futura más segura?

El cristiano que se impusiera las obligaciones mencionadas no haría ningún daño, aunque es dudoso que lograra ningún bien. Pero el que intente imponerlas a los demás produciría una perturbación perjudicial. La vigilancia del cumplimiento de las obligaciones legales de las empresas corresponde al Estado. El particular que quiera contribuir más al bienestar general tiene un camino claro: destinar una parte de sus rentas, de su tiempo y de su entusiasmo (tan elevada como quiera) a objetivos religiosos, benéficos y culturales.

Repetidamente hemos dicho que la economía de mercado asegura el mayor bienestar material alcanzable con los recursos disponibles. Sabemos que este bienestar no significa la verdadera felicidad. La experiencia contemporánea nos dice que el bienestar material es compatible con las drogas, el terrorismo, el desarraigo espiritual, la angustia, la desesperación. Pero el bienestar material es lo único que pueden alcanzar la economía de mercado y el Estado de Derecho. El Estado que se proponga lograr él la felicidad de sus ciudadanos se convierte en tiránico.

La misión de los cristianos consiste en convertir este bienestar material en bienestar total, en bien moral, en felicidad. Pero esto han de hacerlo por medio de actividades y organizaciones voluntarias, en ningún caso a través del Estado. Si invocan la intervención de este, aunque sea mediante formas democráticas, conjuran la aparición de un Estado autoritario, que, por un lado, hace menor la producción de bienes y por otro lado elimina la libertad política y con ella la libertad espiritual.

El bienestar material y la libertad política son condiciones necesarias pero no suficientes para el bienestar espiritual y la felicidad. La misión del cristiano es doble: asegurar primero aquellas condiciones y llegar después a aquellas conclusiones o resultados.

Hay pensadores sociales que creen que sería bueno crear formas de empresas distintas de las hoy tradicionales, que establecen muchas veces una separación entre la dirección y los trabajadores. Los cristianos que tengan fe en estas formas de empresas tienen un amplio campo de acción en la promoción de las mismas.

El caso más importante es el de las que hasta hace poco se llamaban cooperativas de producción y ahora se tiende a llamar empresas autogestionarias. Unos trabajadores prefieren ser sus propios empresarios, logran ponerse de acue;rdo para aportar sus capitales, organizar una empresa y trabajar en ella. Las doctrinas de la economía de mercado no tienen nada que objetar. Con solo dos condiciones: que la entrada en la cooperativa o en la empresa autogestionaria sea plenamente voluntaria, y que esta empresa no exija ni pida privilegios legales de ninguna clase, como serían ventajas tributarias o situaciones monopolistas. Las empresas capitalistas, las cooperativas y todas las formas empresariales que la imaginación y el afán de mejorar la sociedad puedan proyectar deben actuar en un marco de economía de mercado en igualdad de condiciones. Las que puedan mantenerse en él demostrarán que son las que mejor satisfacen las necesidades de los consumidores.

Hay obreros que prefieren trabajar en una empresa cooperativa, aunque en ella obtengan ingresos inferiores a los que podrían tener en una sociedad anónima, y hay ejecutivos que prefieren serlo en una cooperativa, aunque tengan remuneración inferior a la que les pagaría otra empresa. Si la cooperativa puede organizar un proceso de producción tan bien como las empresas de otra clase, sin duda aumenta el bienestar y la felicidad de todos. Pero si las empresas cooperativas, para poder subsistir, logran impuestos inferiores a los de las demás empresas o el monopolio en algún mercado, reducen el bienestar general y abren el camino a la petición de favores al poder público, lo cual es una fuente de corrupción y de baja productividad.

Algo parecido puede decirse sobre la participación de los trabajadores en los beneficios de las empresas. Impuesta por la legislación con carácter obligatorio, es una institución antiliberal, que disminuye la productividad del sistema económico y crea paro forzoso. Pero pactada con libertad por las empresas y sus trabajadores, puede contribuir a la buena marcha del negocio, a la elevación moral de los obreros, al aumento general de la productividad y del bienestar. Los cristianos que quieran y puedan promover la participación de los trabajadores en los beneficios de sus empresas o de otras en las que tengan influencia de alguna clase tienen un gran campo de actuación para ayudar a la instauración de un mundo mejor. Y lo mismo podríamos decir de la participación de los trabajadores en la gestión de la empresa. En realidad, esta institución y la anterior suelen ir juntas.

La aceptación de toda forma de empresas privadas en un sistema de economía de mercado es cosa distinta de la teoría de la convergencia, que en los últimos años ha logrado cierta circulación. Según esta teoría, los sistemas económicos de los países capitalistas y los de los comunistas se han ido aproximando. En los primeros, la tributación se ha hecho muy progresiva, las clases sociales se han acercado, la intervención del Estado en la vida económica se ha intensificado. En los países comunistas, la libertad de los consumidores ha aumentado, en muchos casos se ha suprimido el racionamiento, se han permitido cada vez más formas de propiedad privada. Se sostiene por algunos que este doble movimiento de aproximación continuará hasta que las diferencias entre los dos grupos de países hayan desaparecido, La teoría de la convergencia ha sido vista con agrado por algunos cristianos que creen que su religión es incompatible tanto con el capitalismo como con el comunismo. Creen que el contacto entre los dos sistemas puede purificar a ambos de sus defectos y dar lugar a un tercero que signifique su superación. Un sistema en que el deseo de beneficios estaría moderado por la vigilancia de la sociedad y en que la libertad personal estaría libre de las cortapisas establecidas por el comunismo.

Pero, por un lado, si la incorporación de elementos de la economía de mercado a los países comunistas nos parece excelente, el creciente intervencionismo de algunos Estados occidentales lo juzgamos desfavorable: disminuye en ellos la productividad y la equidad. Y, por otro lado, es difícil que el proceso de la convergencia termine en la forma descrita. Es cierto que las economías capitalistas y comunistas se han aproximado, pero quedan entre ellas diferencias que parecen insalvables: una es que la inversión en las economías capitalistas está en manos privadas y en las comunistas la deciden las autoridades. No parece fácil que esta situación se altere esencialmente: la alteración significaría un cambio muy profundo tanto en un grupo de países como en el otro. Es cierto que el Cristianismo ha tenido y tiene desconfianza hacia la riqueza, pues cree que esta puede ser un obstáculo para la salvación de las almas. Pero también ha tenido y tiene desconfianza hacia el poder político, hacia la fuerza, hacia la posibilidad de un hombre para imponer su voluntad a otros hombres. Lord Acton (1834-1902), pensador católico, expresa esta desconfianza en su conocida frase: "El poder corrompe y el poder absoluto corrompe absolutamente." En definitiva, la razón de la desconfianza es la misma en el caso de la riqueza y en el del poder político. Una y otro dan fuerza y la tentación de abusar de ella.

Si la riqueza y el poder político son peligrosos para la salvación del alma cuando van separados, ¿cuánto más no lo serán cuando van juntos? Si hemos de temer por la capacidad de resistir tentaciones de Rockefeller o Paul Getty, por un lado, y de Reagan o Margaret Thatcher, por otro, ¿cuánto más no hemos de temblar por el alma de Stalin, de Mao-Tse-Tung o de Fidel Castro? De los hombres que no solo disponen de la máquina administrativa de un Estado, sino también de toda la riqueza de su país controlada por el Estado. Y no solo por las almas de los dirigentes máximos, sino también por las de la cohorte de sus subordinados ejecutivos, que si bien se estremecen de pánico ante sus superiores, tienen frente a la población poderes que en las naciones de economía de mercado no tienen ni los funcionarios ni los ricos.

La economía de mercado, en realidad, responde a la concepción cristiana del hombre como ser caído: procura evitarle tentaciones demasiado fuertes. Para el hombre es un riesgo ser rico; también lo es ser poderoso políticamente; pero el riesgo es mayor para quien tiene el poder político cuando este controla la riqueza.

El cristiano informado de los problemas económicos actuales mira el sistema mundial de economía de mercado con gran respeto. En los últimos doscientos años, este sistema ha acompañado al desarrollo de nuestra civilización. Y al tremendo crecimiento de la población mundial. Se estima que ésta, a mediados del siglo XVII, estaba comprendida entre 400 y 500 millones; hoy supera los cuatro mil millones. Esta gente puede ser alimentada, vestida y alojada gracias al aumento de la productividad determinado por la economía de mercado. Gracias a la división internacional del trabajo, al comercio internacional, a los descubrimientos técnicos, a las economías de la producción en gran escala. La supresión de todas estas ventajas de la economía de mercado, aunque no fueran sustituidas por regímenes propiamente comunistas, sino por economías nacionales proteccionistas e intervencionistas, sería fatal. Podría ocasionar la muerte de hambre de millones de personas. Hemos dicho que podría ocasionarla, pero sería más exacto decir que ha empezado a hacerlo. En los últimos meses, en África sobre todo, pero también en Asia y en la América hispana, se han muerto de hambre muchas personas y probablemente en los próximos se morirán muchas más. Sus muertes se han atribuido a la sequía y esta evidentemente ha tenido su influencia. Pero la causa principal ha sido el destrozo de las estructuras tradicionales de producción y de comercio hecho por los gobiernos colectivistas. Probablemente el país donde la combinación de sequía y colectivismo ha producido mayor mortalidad ha sido Etiopía; si allí no ha sido mayor todavía, se ha debido a la ayuda excepcionalmente generosa y bien organizada procedente de las naciones con economía de mercado.

3. La injusticia profunda de la igualdad ante la ley

La economía de mercado postula la igualdad de todos los hombres ante la ley. Esta debe establecer unas normas objetivas, de validez general, que solo de tarde en tarde serán modificadas. Dentro de este marco legal, los hombres desarrollan sus actividades y aquellos que tienen más éxito cosechan más beneficios.

Contra esta concepción, se dice que esta supuesta igualdad ante la ley equivale realmente a las más sangrantes desigualdades. Ya los juristas romanos dijeron *summum ius, summa iniuria*. Y en el siglo XIX, Anatole France escribió: "La majestuosa igualdad de las leyes que prohíbe a todos, a los ricos como a los pobres, mendigar en las calles, dormir bajo los puentes y robar pan".

Estas palabras son más claras y elocuentes que cualquier explicación: pretenden afirmar que la libertad, el mercado, la igualdad ante la ley, son conceptos vanos para aquellos que en este marco institucional no consiguen obtener recursos suficientes para un bienestar mínimo.

Pero la réplica de los partidarios de la economía de mercado es clara también: en su programa figura la atención cuidadosa del Estado para estas personas. En un país regido por las modernas ideas liberales no hay nadie que mendigue en las calles, que duerma debajo de los puentes o que robe pan. Asegurada a todos una renta mínima (fijada con generosidad), el imperio de la ley igual para todos tiene todas las ventajas. Es más, resulta indispensable para el mantenimiento de la libertad y dignidad humanas. Si el poder político se atribuye facultades para corregir todas las situaciones que le parezcan injustas, o mejorables, las garantías de la libertad personal ante la tiranía del Estado desaparecen.

4. *La explotación de los países pobres*

Se oye con frecuencia el argumento siguiente contra la economía de mercado. El contraste entre la miseria de los países pobres y el derroche de los países ricos es escandaloso y fuerza a la conclusión de que ha y que hacer algo para ponerle fin. Y ha y que hacerlo con urgencia y sin pararnos demasiado a pensar en los medios que deben ser utilizados. Existe la razón adicional de que la causa de la pobreza de los países pobres es la conducta de los ricos. El capitalismo ha llevado a este estado de cosas; la perduración del capitalismo significaría la pervivencia de estas injusticias y sufrimientos. Es, pues, necesario surprimir el capitalismo y la economía de mercado y sustituirlos por un sistema económico distinto.

Pero tratemos de precisar a qué se debe la mala situación de los países en vías de desarrollo. Anteriormente nos hemos referido a ellos y hemos visto cómo los que han aplicado una buena política económica han hecho avances espectaculares.

Sin embargo, la mayor parte de naciones en vías de desarrollo han aplicado políticas consistentes en nacionalismo, proteccionismo, intervención e inflación. Para explicar su fracaso se han aducido algunos argumentos. Estos están relacionados entre sí. Podría sostenerse que constituyen un solo argumento, pero vamos a examinar sus varios aspectos.

Se dice a veces que la teoría económica adecuada para analizar los problemas de los países desarrollados no sirve para estudiar los de los países pobres, pues las circunstancias de unos y otros son diferentes. Por consiguiente, la política económica buena para los primeros no lo es para los segundos.

Así formulado, este argumento parece aceptar la bondad de la teoría y la política económicas que han permitido su desarrollo a los países hoy ricos del mundo; en términos generales, de la teoría y de la política clásicas. Pero algunos de los que se ocupan del desarrollo no aceptan las doctrinas clásicas en ningún caso.

Estas doctrinas fueron elaboradas hace dos siglos, cuando Inglaterra, Francia, Alemania y los Estados Unidos eran países subdesarrollados. Los que las formularon observaban estos países y pensaban en ellos. No habían visto, por razones obvias, un país industrializado. Gracias a la aplicación (no rigurosa ni cuidadosa) de estas doctrinas, estas naciones alcanzaron el desarrollo y el bienestar social de que hoy gozan. En los últimos cuarenta años, ha ocurrido lo mismo con Puerto Rico, Corea del Sur, Hong Kong y otros países en vías de desarrollo. Y lo mismo ocurriría en todos ellos si aplicasen las mismas políticas.

Pero algunos autores sostienen que la situación de Inglaterra en el siglo XVIII y la de Birmania en el siglo XX, por ejemplo, no son iguales y que a este segundo país alcanzar el desarrollo le es hoy más difícil de lo que le fue a Inglaterra hace doscientos años. O tal vez le es imposible. La presencia de los Estados desarrollados supone un obstáculo considerable para la mejora de los que están en vías de desarrollo. Podría creerse lo contrario. Y los partidarios de la economía de mercado lo creemos. Para construir los ferrocarriles ingleses, hubo primero que inventarlos y perfeccionarlos; hoy los países que no han completado su red ferroviaria pueden copiar la tecnología más avanzada de este sector. Y lo mismo puede decirse de los demás sectores: en las naciones industrializadas hay fábricas de maquinaria y capitalistas dispuestos a instalar la más moderna tecnología en los países en vías de desarrollo que estén dispuestos a pagarla en alguna forma.

Para sostener la mayor dificultad de mejora de los países hoy en vías de desarrollo se invoca a veces su pasado colonial. Parece que se quiere decir que en la época que fueron colonias, estos países fueron tan expoliados que ahora les es difícil o imposible rehacerse. Es cierto que las potencias coloniales cometieron atropellos y expoliaciones. Los partidarios de la economía de mercado no defienden el régimen colonial, que es extraño a su filosofía y opuesto a ella. La economía de mercado es partidaria de la libertad internacional de comercio y no de dividir el mundo en compartimientos estancos, llamados imperios.

Pero probablemente en la mayoría de los casos las metrópolis coloniales mejoraron algo la situación económica de sus colonias: establecieron en ellas un cierto orden público y una Administración más o menos eficiente, instruyeron algo a la población e hicieron en la colonia algunas inversiones de capital. Los que se sientan inclinados a creer que la colonización se tradujo en pura pérdida, para las colonias, que recuerden que hay dos países importantes que hasta fechas recientes lograron no ser incorporados al imperio colonial de ninguna potencia: Etiopía y Afganistán. Pues bien, figuran entre los más pobres y atrasados del mundo.

En todo caso, sería difícil probar que el empobrecimiento causado por el régimen colonial no es remediable ahora que casi todos los países pobres han alcanzado la independencia. Pero hay quien dice: el régimen colonial político ha sido sustituido por el económico; los gobiernos y las empresas de los países pobres están en manos de las grandes empresas capitalistas, las cuales los explotan en beneficio propio e impiden su desarrollo.

Una modalidad de este argumento es manejada por los marxistas para tratar de justificar el incumplimiento de una de las profecías de Karl Marx. Este pronosticó como inevitable la "concentración capitalista", es decir que la riqueza se acumularía en un número de manos cada vez menor y que los proletarios serían cada vez más numerosos y tendrían menores ingresos; "los ricos serían cada vez más ricos y los pobres, más pobres". Como negar el considerable aumento de ingresos y de bienestar de los proletarios suizos, franceses, ingleses, alemanes y norteamericanos sería algo así como negar la luz del sol, algunos marxistas contemporáneos intentan sostener que el capitalismo ha desplazado el fenómeno de la lucha de clases al terreno internacional: en el siglo XIX los burgueses ingleses explotaban a los obreros ingleses; los burgueses franceses, a los franceses, y los burgueses alemanes a los obreros de su país. En el siglo XX, los burgueses y obreros de Inglaterra, los burgueses y obreros de Francia y los burgueses y obreros de Alemania explotan a los proletarios de la América hispana, de África, del Sur y Este de Asia. Los obreros ingleses, franceses y alemanes han pasado, en los últimos cien años, de la categoría de explotados a la de explotadores.

La primera observación que sugiere esta extensión del pensamiento marxista es que ha sido hecha por los discípulos y epígonos de Marx. En este autor no hay nada de ella; en él está bien claro que la lucha de clases tiene lugar dentro de cada país, entre los capitalistas y los obreros del mismo, y que la revolución ha de hacerse en cada uno de ellos, empezando por los más desarrollados.

Afirmar la estupenda transformación de los obreros europeos de explotados en explotadores es fácil; repetirla reiteradamente en forma que llegue a convencer a los trabajadores y a los demás habitantes de los países en vías de desarrollo es fácil también (no lo es, en cambio, convencer a los trabajadores europeos, que, en general, no han querido enterarse de la nueva teoría. Demostrarla, hasta ahora ha resultado imposible. Las pruebas que se han querido dar han sido insuficientes o contradictorias. ¿cómo puede sostenerse que en la India o en Bolivia, países abiertos a los comerciantes, técnicos y capitalistas de todos los países del mundo (y que podrían estar más abiertos si los gobiernos indio y boliviano quisieran), los extranjeros puedan "explotar" a los nativos? ¿cómo es ello imaginable cuando hay libertad de contratación y podría haber más si los gobiernos de aquellos dos Estados lo dispusieran así?

·una pretendida prueba de tal «explotación» ha tratado de revestirse de apariencia científica: la del empeoramiento de la relación real de intercambio entre los países en vías de desarrollo y los desarrollados. Se ha dicho que los precios de las mercancías que suelen exportar los primeros (alimentos, minerales, materias primas) tienden a bajar en relación con los precios de las mercancías que suelen importar (maquinaria, productos manufacturados). Por ello los habitantes de los países pobres han de entregar cada vez más aceites vegetales, azúcar, tabaco, café, cobre, mineral de hierro, etc., para poder adquirir un camión, un avión o una central eléctrica. De esta manera, "los países ricos son cada vez más ricos y los pobres cada vez más pobres".

Pero el estudio de las estadísticas durante largos períodos no apoya esta teoría. Durante algunos años y para algunas naciones ha tenido lugar efectivamente este empeoramiento de la relación real de intercambio de los países pobres. En otros períodos la tendencia ha sido la contraria: los precios de los alimentos y materias primas han subido más que los de los productos industriales. Una tendencia secular no ha podido detectarse. Lo que puede ocurrir en el futuro es dudoso y polémico. Ha habido economistas, como Raul Prebisch, H. W. Singer y Gunnar Myrdal, que han creído que podía tener lugar este abaratamiento relativo, progresivo, de las mercancías que exportan los países pobres. Pero otros autores, como David Ricardo, Stanley Jevons, Alfred Marshall, John Maynard Keynes y Austin Robinson, han creído más bien en el proceso contrario; han opinado que el aumento de la población humana y el agotamiento de los yacimientos minerales harán funcionar la ley de los rendimientos decrecientes y encarecerán relativamente los alimentos y las materias primas, mientras que el desarrollo industrial y los descubrimientos técnicos tenderán a hacer más fácil la producción de artículos manufacturados.

Por otra parte, la teoría mencionada esquematiza el comercio internacional en forma que no corresponde a la realidad. El mayor exportador de alimentos del mundo es los Estados Unidos. Otras naciones muy ricas, como Dinamarca y Nueva Zelanda, exportan principalmente alimentos y materias primas. En cambio, entre las exportaciones de muchos países en vías de desarrollo figuran artículos de alta tecnología, y esta clase de sus exportaciones tiende a aumentar. Simplificar arbitrariamente las corrientes comerciales internacionales y deducir de esta simplificación consecuencias caprichosas no ayuda a comprender el mundo en que vivimos. La ley del empeoramiento de la relación real de intercambio de los países en vías de desarrollo promovió hace treinta años polémicas entre los teóricos y entre los políticos. Hoy está olvidada por los primeros y casi olvidada por los segundos.

La pobreza de los países en vías de desarrollo no es debida a razones complicadas ni tampoco a la malicia de las naciones ricas. Tampoco lo es a causas raciales: posiblemente no todas las razas tienen la misma aptitud para la vida económica, pero todas tienen la suficiente para el desarrollo y para alcanzar niveles satisfactorios de bienestar social.

Tampoco la escasez de recursos naturales es causa irremediable de subdesarrollo, aunque naturalmente es importante. Suiza, probablemente el país más rico del mundo, tiene muy pocos recursos naturales. En contraste con él, Argentina es tal vez el país mejor dotado por la naturaleza: tiene extensas tierras fértiles, minas abundantes, petróleo, mar abierto para la pesca y el comercio, climas moderados; a pesar de todo ello, su nivel de bienestar no es muy alto. India y Pakistán, naciones muy pobres, tienen recursos naturales abundantes (si bien su población es numerosa). En general, puede afirmarse que tanto entre los países ricos como entre los pobres, los hay bien dotados y mal dotados por la naturaleza. No son los recursos naturales la causa determinante de la prosperidad y el subdesarrollo. La falta de desarrollo se debe a gobiernos tiránicos e intervencionistas, guerras, revoluciones, inseguridad jurídica. Todas estas causas pueden reducirse a mala política económica, tomando estas palabras en sentido amplio. El remedio es la instauración del Estado de Derecho y la economía de mercado. La aplicación de esta durante un período prolongado puede compensar la escasez de recursos naturales.

Las diferencias entre los niveles de vida de los países pobres y los ricos no son un argumento contra la economía de mercado: son un argumento a su favor. Deberían inducir a aplicar más completamente la economía de mercado en los países ricos y sobre todo en los pobres. Solo esta aplicación puede ser el remedio estable y duradero de la falta de desarrollo. ¿A acelerar este podría cooperar la ayuda generosa de los Estados ricos? Creemos que sí, pero esta cuestión es más complicada de lo que piensan muchas personas ingenuas y bien intencionadas.

Con frecuencia se llama la atención sobre el contraste entre los gastos militares de los Estados ricos y la miseria de los Estados pobres. Pero muchos Estados pobres realizan gastos militares extravagantes. Probablemente los gastos militares de Cuba representan un tanto por ciento de la renta nacional del país mayor que los de los Estados Unidos. Y lo mismo puede decirse de otros muchos Estados pobres (Marruecos, Argelia, Libia, Etiopía, India, Pakistán, Indonesia, etc., etc.)

La ayuda de los países ricos a los pobres tiene inconvenientes y dificultades que Peter Bauer ha destacado. Cuando ha consistido en alimentos u otros artículos de consumo, con frecuencia se han pudrido en los puertos de la nación auxiliada, por falta de medios de transporte y de organización comercial para distribuirlos por el país. Cuando la ayuda ha consistido en medios financieros puestos a la disposición del gobierno, este los ha desviado muchas veces a realidades distintas de las previstas (gastos militares o suntuarios, apropiación personal por políticos o funcionarios).

Aun en los casos en que no tienen lugar estos despilfarros y abusos escandalosos, la ayuda exterior ha tenido con frecuencia dos consecuencias desfavorables, relacionadas entre sí: impulsar el colectivismo y frenar los incentivos al trabajo. Cuando la ayuda se ha dado al gobierno, este la ha destinado generalmente a la Administración y a las empresas estatales y rara vez a finalidades que estimulen la iniciativa privada. Y las personas beneficiadas fácilmente han pasado a creer que tenían derecho permanente a la ayuda y que no era necesario que se esforzaran en mejorar su propia situación y la de sus conciudadanos.

Creemos que todo esto es cierto e importante y que Peter Bauer ha prestado un buen servicio estudiándolo y exponiéndolo. Pero creemos también que si la ayuda a los países subdesarrollados la llevan a cabo personas generosas e inteligentes puede ser muy beneficiosa. Para ello será necesario que no fomente el colectivismo en el país asistido y que contribuya a que sus habitantes adquieran hábitos de laboriosidad, organización y disciplina. económica.

Este es un gran campo de acción para los cristianos: la educación de jóvenes de los países pobres en las universidades y otros centros de instrucción de los países ricos, procurando hacerles ver su obligacion moral de volver a su país de origen una vez terminada su formación; la creación por parte de los hospitales y.centros de cultura de los países ricos de sucursales o filiales en los países pobres; la promoción desinteresada de empresas privadas de todas clases en los países en vías de desarrollo, realizada por entidades económicas de los países ricos; los gastos de conservación de la naturaleza de las naciones en vías de desarrollo con cargo a los presupuestos de Estados ricos; he aquí unos cuantos ejemplos de formas de ayuda que sólo tienen ventajas.

5. *La miseria de principios del siglo XIX*

Está todavía muy difundida la idea de que la implantación de la economía de mercado y la mecanización de la industria, en las primeras décadas del siglo XIX, hicieron bajar el nivel de vida de los trabajadores. Esto se cree sobre todo en el caso de Inglaterra, el país pionero en el camino de la industrialización y la libertad económica.

Marx y Engels han descrito en forma dramática la miseria de las clases populares en aquellos años y otros autores, como el novelista Charles Dickens, han confirmado la veracidad de sus descripciones. De esta triste situación se ha querido deducir que con anterioridad (en el siglo XVIII y en los precedentes), los trabajadores habían estado mejor; las máquinas les dejaron sin trabajo y redujeron sus salarios. Como Inglaterra fue el primer país que introdujo el maquinismo, en ella empezaron estos fenómenos, que después se manifestaron en Francia, Alemania y otras naciones.

Prosiguiendo este razonamiento, se afirma o supone que lo mismo ocurrirá en todos los países en vías de desarrollo que establezcan plenamente la economía de mercado. Incluso autores que simpatizan con ella creen que se trata de una etapa transitoria que es necesario atravesar: la economía de mercado al cabo de estar un tiempo plenamente establecida es productora de bienestar, pero en sus primeras fases, en lo que se ha llamado el "despegue" o *take-off,* es productora de inmensa pobreza popular. Si los países que hoy están en vías de desarrollo eligen la vía de la economía de mercado, no podrán evitarestas fases, con su terrible crueldad y miseria.

La fe en esta idea ha sido tan grande, que incluso un ilustre escritor liberal, Guido de Ruggiero, la ha ilustrado con las siguientes palabras:

Fue precisamente en el período del desarrollo industrial más activo cuando empeoraron las condiciones de vida del trabajador. La duración del trabajo se alargó desmesuradamente; la ocupación de mujeres y niños en las fábricas rebajó los salarios: la aguda competencia entre los mismos trabajadores, que ya no estaban ligados a sus parroquias, sino que viajaban libremente, y podían reunirse allí donde la demanda de sus servicios era mayor, abarató todavía más el trabajo que ofrecían en el mercado: crisis industriales numerosas y frecuentes —inevitables en un período de crecimiento cuando la población y el consumo no se han estabilizado todavía— incrementaban de tiempo en tiempo la multitud de parados; el ejército de reserva del hambre[11].

Y Bertrand Russell ha escrito:

La Revolución Industrial provocó, en Inglaterra como también en América, una miseria indescriptible. En mi opinión, apenas nadie que se ocupa de historia económica puede dudar que el nivel medio de vida en Inglaterra en los primeros años del siglo XIX era más bajo que el de cien años antes; y esto ha de atribuirse casi exclusivamente a la técnica científica[12]..

Esta idea tan difundida no la suscribe hoy ningún historiador competente. Las investigaciones de estadísticos y economistas han demostrado su falsedad. Entre los autores que contribuyeron a su difusión figura de manera destacada

---

[11] *Storia del liberalismo europeo,* citado por Hayek en su artículo "Historia económica y pensamiento político", pp. 43 y 44.
[12] *The Impact of Science on Society,* Nueva York 1951, pp. 19-20. Citado por Hayek en su mencionado artículo.

el matrimonio de J. L. Hammond y Barbara Hammond. No obstante, en los últimos años de su vida escribieron:

Los estadísticos nos informan que, tras el estudio de los datos de que disponen, pueden afirmar que las rentas o ingresos subieron y que la mayoría de los hombres y mujeres, en el tiempo en que este descontento se hizo ruidoso y activo, eran menos pobres que anteriormente, en el silencio otoñal de los últimos años del siglo XVIII. El material de prueba es naturalmente escaso, y su utilización no es fácil, pero probablemente esta afirmación es cierta, en términos generales[13].

Es cierto que en las primeras décadas del siglo XIX la situación de los trabajadores fue triste. Las descripciones de Marx, Engels y Dickens son verídicas, aunque no puede dárseles carácter de generalidad. Lo que no es cierto es que en conjunto las cosas hubiesen empeorado en relación con los tiempos precedentes. La humanidad ha sido tradicionalmente muy pobre.

La instauración de la libertad económica y la introducción del maquinismo no fueron procesos rápidos. Fueron graduales y estaban en marcha mucho antes de terminar el siglo XVIII. Sus efectos fueron en conjunto beneficiosos a corto plazo y muy beneficiosos a largo plazo. Naturalmente, no fueron beneficiosos en el mismo grado para todos, y en algunos casos fueron perjudiciales: para algunos trabajadores cuyas aptitudes pasaron a no tener demanda, para algunos empresarios que perdieron posiciones monopolistas, etc. Pero en una forma irregular la situación general de los trabajadores no dejó de mejorar en ningún momento con la mayor libertad

---

[13] *The Bleak Age,* 1934, edición revisada 1947, p. 15. Citado por Hayek en su mencionado artículo.

y el progreso técnico, y ha seguido mejorando después, con pocas excepciones.

¿Cómo se explica que la opinión contraria haya alcanzado la difusión a que nos hemos referido? Una serie de hechos puede haber contribuido a ella. La miseria anterior al maquinismo estaba menos concentrada, era menos aparente y tenía carácter pintoresco. Los trabajadores agrícolas del siglo XVIII vivían en el campo, en chozas más o menos graciosas, lejos unas de otras. Los trabajadores industriales de los primeros tiempos del maquinismo vivían en casas sórdidas, cerca de las fábricas, en bloques feos, situados en ciudades visitadas con frecuencia. Pero sus ingresos monetarios eran generalmente mayores, su alimentación mejor y sus condiciones sanitarias menos malas.

Las nuevas fábricas y los procesos asociados con ellas fueron criticados por el partido *Tory o conservador*. En general, los nuevos empresarios militaban en el partido *whig* o liberal. En los círculos aristocráticos y agrarios de Londres se formularon las acusaciones contra los nuevos núcleos industriales. Los nacientes grupos de agitación revolucionaria unieron paradójicamente sus esfuerzos a los de los conservadores para denigrar las consecuencias de la industrialización y la libertad. Los autores de la escuela historicista de la Economía, que se llamaban a sí mismos socialistas de cátedra, se esforzaron también en ver malas consecuencias de la aplicación de la economía de mercado.

La evolución de las ideas trajo una mayor sensibilidad social. El aumento general de la riqueza permitió eliminar situaciones de miseria que en el siglo XVIII se consideraban irremediables y a las cuales se resignaban todos: los que las sufrían y los que las contemplaban. Esto explica el patetismo de algunas descripciones de la pobreza en el siglo XIX.

En España se había creído vagamente en el empeoramiento de la condición de los trabajadores ingleses a principios del siglo XIX, y se había supuesto, más vagamente todavía, que el empeoramiento también había tenido lugar en nuestro país. Pero la historia económica de aquel siglo se había estudiado poco. En los últimos veinte años, una brillante legión de jóvenes historiadores la han investigado con penetración y tenacidad. En los trabajos que hemos leído, la idea del deterioro del bienestar de los trabajadores no es mencionada. Parece, pues, que el viejo mito ha muerto, aunque su fantasma siga vagando en mentes que no se han informado de los últimos estudios.

No hay por tanto motivo para temer que la implantación de un sistema de economía de mercado en los Estados actualmente en vías de desarrollo los obligaría a pasar por una supuesta etapa de gran pobreza, análoga a la que hipotéticamente atravesó Europa hacia 1820. Este temor es puramente imaginario. La gran pobreza la están pasando ahora muchos de estos Estados con su economía mezcla de residuos ancestrales y de modernas ideas colectivistas. Todo hace suponer que la sustitución gradual o rápida de tales instituciones por normas de libertad económica disminuiría la miseria de la población, de manera lenta o rápida, según las circunstancias. Los partidarios de la economía de mercado no creen que el *take-off* necesite una especie de purificación dolorosa. El *take-off* no es un Moloc cruel que exige sacrificios humanos como precio de un futuro bienestar popular. En Corea, Hong Kong y Puerto Rico, el bienestar ha ido aumentando gradualmente a medida que sus economías se han ido liberalizando y haciendo más flexibles. El aumento ha sido irregular, mayor para unos que para otros, pero en su conjunto, impresionante.

6. *Hay que intensificar la redistribución de la renta nacional*

En las últimas décadas, la idea de que la distribución de la renta nacional debe ser corregida por el Estado se ha convertido en un dogma político. A muchos pensadores cristianos les parece que tiene una fuerza obvia: admiten que la economía de mercado es más favorable que ninguna otra forma de organización económica a la creación de riqueza, pero creen que determina una distribución injusta de la misma; de aquí deducen que lo mejor es utilizar la economía de mercado para obtener una renta nacional alta, y redistribuir después ésta enérgicamente mediante fuer.tes impuestos sobre las rentas elevadas y gastos públicos de carácter social a favor de las personas con rentas bajas.

¿Hasta qué punto habría de llegar la redistribución? Para algunos, el ideal sería la igualdad absoluta de las rentas individuales. En todo caso, el Estado debe cuidar de corregir fuertemente las excesivas diferencias de rentas creadas por la libertad económica.

Los partidarios de la economía de mercado aceptan estas ideas solamente con restricciones y matizaciones. En primer lugar, creen que más importante que la redistribución de la renta nacional es el aumento de la misma. El interés excesivo por la redistribución revela la perduración de la mentalidad de ciudad sitiada: en ella hay una cantidad de alimentos que no puede aumentar, y es razonable distribuirla con igualdad entre todos los habitantes. Pero la riqueza en un país, en todo el mundo, puede aumentar si se toman las medidas adecuadas, es decir, ha aumentado a través de la historia y puede seguir aumentando. Y el mundo es todavía muy pobre y la simple redistribución de la riqueza hoy existente no puede dar a todos los hombres un nivel de vida satisfactorio. Es necesario lograr un incremento de esta riqueza.

En cuanto a la redistribución de la renta nacional, los partidarios de la economía de mercado quieren —ya lo hemos dicho reiteradamente— asegurar a todos una renta mínima fijada con generosidad. El gasto público que esto signifique habrá de financiarse con impuestos sobre las personas más ricas. Así tiene lugar una cierta redistribución de la renta nacional. Los propugnadores de la economía de mercado no desean en general llevar esta redistribución mucho más adelante, aunque entre ellos hay, en esta materia, distinción de matices.

La mayoría no son partidarios de diferencias tan grandes como las hoy existentes entre las rentas personales, pero tampoco lo son de su absoluta igualdad. Creen que las diferencias entre las rentas pueden ser un estímulo al trabajo, a la búsqueda de nuevos métodos de producción, al ahorro. Por otra parte, reconocen que la economía de mercado no distribuye sus recompensas en forma proporcional a los méritos. Es cierto que en la mayoría de los casos hay alguna relación entre los méritos y las recompensas: de dos trabajadores con las mismas aptitudes, el más laborioso suele tener mayores ingresos; si dos personas tienen ingresos análogos y una ahorra más que la otra, es probable que al cabo de unos años la más ahorradora tenga mayor renta. Pero existen factores de azar que tienen relación remota con el mérito. El empresario que acierta el rumbo que tomará la demanda, se enriquece; el que se equivoca al tratar de prever este rumbo, sufre pérdidas y puede arruinarse. Por otra parte, la economía de mercado tiende a premiar poco actividades a las que generalmente atribuimos gran valor humano como la poesía, el arte, el estudio, y tiende en cambio, sobre todo en los últimos tiempos, a dar recompensas exageradas a toreros, futbolistas y otros deportistas, que desarrollan actividades cuyo valor humano suele considerarse bajo. Además, la economía de mercado premia a los más inteligentes y a los físicamente más fuertes, cuyo mérito es discutible, pues sus cualidades son debidas principalmente al azar de su nacimiento; es discutible, sobre todo para un cristiano que considera tales cualidades don gratuito de Dios.

Todo esto es indudable, pero si la distribución de la renta nacional no la hace el mercado impersonal, han de hacerla personas. Decir que tal distribución ha de llevarse a cabo con arreglo a criterios de justicia no basta, ni resuelve nada. Hay que determinar estos criterios y después aplicarlos, y esto lo han de hacer personas. ¿cuáles? y ¿cómo? En definitiva, el gobierno. Y los partidarios de la economía de mercado creen que esta la hace peor todavía que el mercado. El gobierno realiza la distribución de la renta nacional en los países comunistas, y la corrige en los no comunistas peor todavía que el mercado y sus azares. Los criterios que el gobierno utiliza son poco claros intelectualmente y moralmente inaceptables. Pero aun suponiendo que dispusiera de criterios que no tuvieran tales defectos, ¿cómo intentaría aplicarlos? Para hacerlo, habría de llevar a cabo intervenciones en la economía que disminuirían la eficacia de esta, reducirían la renta nacional y, en último término, muchas veces perjudicarían a los que el gobierno se proponía favorecer.

Aunque la materia es difícil y polémica, los autores más responsables sostienen que la distribución de la renta nacional es más desigual en los países comunistas que en los de Europa occidental y Norteamérica. Concretamente, más desigual (y más arbitraria) en Rusia que en los Estados Unidos.

Auguste Comte propuso aplicar al estudio de las ciencias sociales los mismos métodos de observación que utilizan las ciencias naturales.· Esta idea tendió a hacer creer que los procesos de producción y el desarrollo económico tienen lugar de manera casi automática; los empresarios no tienen en ellos ninguna participación esencial: si no hubiera empresarios, las fábricas y las demás empresas existentes irían produciendo como hasta ahora y se irían construyendo fábricas nuevas. John Stuart Mill, a pesar de su ocasional moderación y buen sentido, estuvo influido por esta concepción de la función empresarial. Es conocida su frase según la cual

> las leyes de la producción tienen la certeza de las verdades de la ciencia física... no ocurre lo mismo con la distribución de la riqueza. Esto es una materia regida solamente por instituciones sociales.

Las ideas de Auguste Comte y de John Stuart Mill han tenido profunda influencia en la teoría y en la política económica. Muchos estudios modernos parecen suponer que la renta nacional se produce de manera automática, y que la política que se sigue para su distribución no altera su tamaño ni su composición. La realidad es bien otra: en los países con economía de mercado, la renta nacional es el resultado de las libres decisiones de todos sus habitantes; tales decisiones son tomadas en virtud de los conocimientos que estos habitantes tienen y de las metas que se fijan; si se altera la legislación del país, los habitantes pueden modificar sus metas, tomar otras decisiones y dar lugar a otra renta nacional. Esta no tiene nada de automático. La separación entre producción y distribución que formulaba Stuart Mill no es válida.

7. *La economía de mercado es obra de deístas y agnósticos*

La economía clásica de la cual deriva la economía de mercado ha sido elaborada por autores que en su mayoría no fueron cristianos, sino deístas o simplemente agnósticos. Sus sistemas ideológicos generales son casi siempre inaceptables para los católicos y también para los protestantes que no se han alejado mucho de la ortodoxia tradicional.

Entre las grandes figuras de la ciencia económica del pasado recordamos solamente dos que podemos considerar cristianos: Thomas R. Malthus, pastor anglicano, y Augustin Cournot, católico practicante. Los economistas contemporáneos suelen ser poco comunicativos sobre sus ideas religiosas, pero solo sabemos de una figura científica destacada que es cristiana y concretamente católica.

Pero, como ha escrito Daniel Villey,

> Existe siempre cierta autonomía de las consecuencias en relación con los principios. Es cierto que todo juicio tiene un trasfondo filosófico, pero muchas tesis particulares son susceptibles de varios fundamentos metafísicos intercambiables, que a veces se excluyen mutuamente. Muchas piedras pueden entrar indistintamente en la construcción de muchos templos. Y sin duda más de una filosofía es apta para sostener la doctrina económica liberal[14].

La economía de mercado nació en el siglo XVIII como un producto de la Filosofía de la Ilustración. Sus padres fueron John Locke, David Hume y Adam Smith, los tres vagamente deístas. Adam Smith decía que la doctrina de la libertad económica era el protestantismo aplicado a la economía.

---

[14] *L'économie de marché devant la pensée catholique*, p. 955.

¿Podría la economía de mercado haber nacido en un ambiente intelectual distinto? Creemos que sí, pero en todo caso este problema es irrelevante. La idea de libertad económica no necesita para su fundamentación teórica las ideas filosóficas que la acompañaron en su nacimiento. Puede vivir en otros muchos ambientes intelectuales y filosóficos. La falta de sintonía del Cristianismo y la economía de mercado se ha atenuado con el paso de los años, pero no ha desaparecido. Cuando Hayek promovió la creación de la Mont Pelerin Society, la asociación internacional de economistas liberales, propuso que llevara el nombre de Lord Acton o de Alexis de Tocqueville. Frank Knight, el padre de la Escuela de Chicago, se opuso rotundamente a que una entidad de este carácter se designase con el nombre de un pensador católico.

Creemos, por otra parte, que la objeción a la economía de mercado que se fija en sus orígenes preocupa hoy a pocos. Prácticamente todos creemos en el viejo aforismo *Omnis veritas, a quocumque dicatur, a Spiritu Sancto est*. En el siglo XIII, Santo Tomás de Aquino bautizó a Aristóteles, es decir, construyó un sistema filosófico en el que las ideas de este filósofo están enlazadas con el pensamiento cristiano. Desde entonces se acepta generalmente la validez de operaciones de esta clase. Y armonizar las ideas cristianas con las de Adam Smith tiene menos dificultades que armonizarlas con las de Karl Marx.

XI
¿POR QUÉ EL COLECTIVISMO ATRAE A MUCHOS CRISTIANOS?

Es posible que el lector, convencido o no por nuestros argumentos, al llegar aquí, se pregunte:

¿Cómo, a pesar de ellos, hay tantos cristianos contemporáneos que se sienten atraídos por el colectivismo? Atraídos hasta el punto de condonar la subversión y la violencia. Un libro como este viene obligado a decir alguna cosa sobre este hecho, que a otros cristianos parece sorprendente.

Ante una situación injusta o simplemente poco satisfactoria, muchos cristianos no aceptan las soluciones que brindan el Estado de Derecho y la economía de mercado, que se limitan a construir un marco social y esperan que la iniciativa privada encontrará una solución. Los partidarios del Estado de Derecho y la economía de mercado creen que con ellos a largo plazo habrá menos situaciones insatisfactorias que si el Estado trata de remediarlas todas, una por una. Muchos cristianos sienten impaciencia ante esta apelación al largo plazo, y dicen: Es necesario o deseable que se tomen medidas inmediatas para remediar la mala situación. Pero el economista, el historiador y el tratadista político preguntan y contestan: ¿Quién las tomará? El Estado. Y ¿quién es el Estado? El gobierno. Y ¿quién es el gobierno? Un grupo de hombres.

Con frecuencia el cristiano no es, en principio, colectivista, pero tiene poca confianza en la naturaleza humana, lo cual es lógico, dada su fe: para el Cristianismo, el hombre es un ser caído y no puede confiarse plenamente en él. Pero si no puede confiarse en el individuo, ¿se puede confiar en el gobierno, que es un grupo de individuos?

Es posible que a muchos cristianos, con su respeto a la autoridad, el Estado les parezca un representante de Dios o de la Iglesia. Pero los autores que en los últimos años han estudiado la conducta de los políticos, sobre todo los que han elaborado la *Public Choice Theory,* han llegado a la conclusión de que los gobernantes, aunque se mantengan dentro de la legalidad y no cometan ningún acto delictivo, generalmente persiguen su propio beneficio, el de sus amigos políticos, el de los grupos de presión que los ayudan, el de los que los financian. En los Estados democráticos, la preocupación máxima de los gobernantes es ser reelegidos; la de los políticos de la oposición, ganar las elecciones próximas. La desconfianza de los cristianos por los individuos está justificada; los teóricos de la economía de mercado participan de ella: han elaborado programas que toman en consideración a los hombres tal como son, no han hecho como los revolucionarios franceses que se dirigían sólo «a los buenos y a los sabios». Pero la implicación de la confianza de los cristianos en los gobiernos carece de base.

Las situaciones que preocupan a los cristianos son casi siempre la existencia de hombres que no tienen satisfechas sus necesidades vitales. Las doctrinas de la economía de mercado atribuyen al Estado la misión de asegurar a tales hombres una renta mínima; es esta una misión que en los países algo desarrollados no tiene dificultades insuperables: el Estado está en general capacitado para llevarla a cabo.

Confiar a este más funciones económicas que las inherentes a su misión (las que los particulares no pueden desempeñar por sí mismos) y la garantía de esta renta mínima es peligroso. El Estado no está regido por hombres inteligentes situados por encima de las pasiones humanas. Los gobiernos están formados por hombres como los demás, de sabiduría y bondad limitadas.

Las diferencias entre las rentas personales son probablemente mayores en los países comunistas que en los de economía de mercado. Si en estos últimos tuviera lugar una subversión social, las personas que ahora tienen rentas altas las perderían, pero ello no significaría una elevación de las rentas bajas. La subversión y el cambio de régimen económico empobrecerían el país. Es seguro que aparecerían nuevas rentas altas en manos de los representantes de la nueva economía. Es lo que ha pasado en las naciones en que se han dado estos cambios. A corto plazo, esto sería todo. Lo que ocurriría a largo plazo, si se estableciera en el país un régimen económico más próximo al colectivismo que el actual, es que el aumento de riqueza y bienestar sería más lento que hoy.

Muchos cristianos que desean la sustitución violenta de regímenes basados en la propiedad privada por otros vagamente colectivistas tienen la esperanza de que estos no se parecerían a los actuales regímenes de los países comunistas. A los cristianos proclives al colectivismo generalmente no les gusta hablar de ellos y de Rusia menos que de ninguno. Creen que las naciones en que triunfara una combinación de ideas marxistas y cristianas tendrían regímenes profundamente influidos por estas últimas, singularmente por la caridad. Pero ¿qué garantía hay de ello? Hasta ahora estas esperanzas no se han realizado en ninguna parte.

Es de desear que, sea cual fuere el régimen económico, la caridad tenga la máxima influencia en la conducta de todos, gobernantes y gobernados. Pero la caridad no puede imponerse coactivamente. La Constitución de Cádiz decía que era obligación de los españoles ser justos y benéficos. Hoy los textos legales no caen en ingenuidades como esta. Si la caridad se confía preceptivamente a la autoridad, pasa a ser función suya y corre la suerte de todas las actividades oficiales; si se confía a los ciudadanos, sin control público, no hay garantía de que aparecerá.

Otra causa de la inclinación de algunos cristianos al colectivismo ha sido la siguiente: La Iglesia católica y las demás confesiones cristianas, desde la Revolución Francesa, han hecho esfuerzos para adaptarse a la sociedad de los siglos XIX y XX. Los cambios de toda clase iniciados en 1789 abrieron un vacío entre ellas y el mundo surgido de las nuevas ideas y de los descubrimientos industriales. En el siglo XIX, desaparecidos los últimos restos de feudalismo, la economía de mercado y el colectivismo se disputaban el dominio de las mentes y de las políticas de los gobiernos. Y el colectivismo resultó más atractivo para muchos cristianos: la inclinación hacia él no es cosa de los últimos años, empezó ya entonces. Esta inclinación en aquel siglo se explicaba: desde 1840 hasta 1920, la idea de libertad económica declinó; el socialismo parecía cada vez a más gente el destino de la humanidad. A muchos cristianos interesados en adaptarse al mundo moderno les pareció más lógico enlazarse con el movimiento intelectual del futuro que con los del pasado, abrirse a Marx que a Adam Smith. Los eclesiásticos y otros pensadores cristianos que han realizado estudios profundos de teoría económica, de historia de las doctrinas y de los hechos económicos han sido siempre pocos; esto es lógico y no es en absoluto censurable: han de estudiar otras materias cuya extensión y complejidad absorben muchas energías. Cuando se enfrentan con problemas económicos, tienden a aceptar como buenas las soluciones que creen han logrado el triunfo en las universidades y en la calle. En el siglo XIX fueron legión los pensadores cristianos que se sintieron empujados por la atmósfera intelectual a un colectivismo más o menos acentuado. Como ejemplo citaremos algunos nombres entre los que nos parecen más representativos.

Frédéric Le Play (1806-1882) fue tal vez el autor del siglo XIX que influyó más en el pensamiento de los católicos interesados en los problemas económicos y sociales. Sus ensayos de carácter descriptivo de temas sociales sirvieron de modelo a muchos sociólogos posteriores. A través de algunos seguidores de sus doctrinas, como el marqués de La Tour du Pin y el cardenal inglés Manning, su influjo llegó a las encíclicas de los papas.

Le Play estudió en la École Polytechnique y en su juventud fue saint-simoniano. La doble huella de su centro de estudios y de su afiliación política juvenil perduró en las ideas de su madurez católica y conservadora. Sería inexacto llamarle colectivista, pues fue partidario de reducir la intervención del Estado en la vida económica. Pero combatió la economía clásica (que desconocía casi por completo) y el liberalismo político.

Félicité-Robert de Lamennais (1782-1854) y Alphonse de Lamartine (1790-1869) iniciaron sus carreras de autores con obras de carácter católico, tradicionalista, conservador y, en cierto sentido, integrista. Más tarde, a través de complejas aventuras intelectuales, fueron simpatizantes de los movimientos socialistas de su época.

Entre los protestantes, la tendencia a buscar la solución de los problemas económicos en el colectivismo fue probablemente más fuerte que entre los católicos. En Inglaterra, el año 1850 empezó a publicarse la revista *The Christian Socialist;*

el inspirador más destacado del movimiento que la creó era Charles Kingsley (1819-1875), pastor protestante, capellán de la reina Victoria, propagandista anticapitalista y literato famoso en su tiempo. En años posteriores mencionaremos a Keir Hardie, uno de los fundadores del partido laborista, cristiano practicante y fervoroso, y a Henry George (1839-1897), *el* padre del socialismo agrario.

También hubo algún intento en las Iglesias orientales; un caso extremo fue León Tolstoy, que de su personal interpretación de los Evangelios dedujo una doctrina comunista elemental y agraria.

En la tendencia general hacia el colectivismo hubo excepciones brillantes: Alexis de Tocqueville (1805-1859) y Lord Acton (1834-1902), que vieron pronto que esta doctrina conduce a la muerte de la libertad y se inclinaron por la economía de mercado.

En los últimos sesenta años, los pensadores cristianos habrían podido fijarse en la interesante literatura producida por las escuelas neo-liberales y en los experimentos sociales inspirados en ella. No lo han hecho. ¿Ha sido por su culpa, por desidia o ligereza? ¿o los economistas neoliberales no han sabido presentar sus ideas en forma atractiva, que les diera fuerza de penetración?

Para terminar, nos referiremos a otro hecho que tiende a empujar a las mentes de los cristianos hacia.el colectivismo: una tradición intelectual de la Iglesia desde sus primeros siglos.

El Cristianismo nació en el Próximo Oriente y se desarrolló en el mundo intelectual griego. Era inevitable que tomara ideas filosóficas de él. En sus primeros siglos, los filósofos griegos más influyentes eran Sócrates, Platón y Aristóteles. Probablemente eran también los que tenían ideas más próximas al Cristianismo. Los primeros Padres de la Iglesia se inspiraron en ellos para elaborar la filosofía cristiana. En la Edad Media esta influencia continuó y con Santo Tomás de Aquino llegó a su apogeo.

Al tomar las ideas filosóficas de Platón y de Aristóteles, los pensadores cristianos, desde el siglo I hasta el XIII y aun después, tomaron también ideas de otro carácter, por ejemplo las referentes al mundo físico y a la economía. Es sabido que el respeto que los escolásticos tuvieron a todo lo que Aristóteles escribió retrasó el progreso de las ciencias naturales: las ideas del Estagirita sobre física, botánica y zoología, más o menos respetables cuando se formularon, fueron consideradas por muchos como dogmáticas y les impulsaron a rechazar ideas más acertadas que la observación iba descubriendo. El P. Feijóo (1676-1764) se expresó sobre la materia con las palabras siguientes:

> Es imponderable el daño que padeció la filosofía por estar tantos siglos oprimida debajo del yugo de la autoridad. Era ésta, en el modo que se usaba de ella, una tirana cruel, que a la razón humana tenía vendados los ojos y atadas las manos, porque le prohibía el uso del discurso y de la experiencia. Cerca de dos mil años estuvieron los que se llamaban filósofos estrujándose los sesos, no sobre el examen de la naturaleza, sino sobre la averiguación de Aristóteles.

Todavía a principios del siglo XVII, S. Francisco de Sales cita la opinión de Alcmeon, médico griego del siglo VI antes de Jesucristo, según la cual las cabras respiran por las orejas, y añade que Aristóteles lo niega. A San Francisco de Sales, ante un problema tan sencillo como la respiración de las cabras, no se le ocurre otra cosa que citar las opiniones contrapuestas de dos sabios griegos, uno de ellos Aristóteles. No piensa que tal vez sería conveniente examinar una cabra. Y las opiniones de Aristóteles sobre cuestiones de las ciencias naturales no siempre eran tan sensatas como en el caso citado.

Algo parecido ocurrió en relación con la economía: los griegos, que destacaron en filosofía, en las bellas artes y en matemáticas, tuvieron ideas poco brillantes en aquella ciencia. Esto último no es sorprendente, pues tampoco las tuvieron luminosas los demás pueblos antiguos, los de Extremo Oriente, y los modernos hasta el siglo XVIII. Pero las primarias ideas de los griegos en esta materia han tenido una influencia desproporcionada en la historia del mundo.

Por ejemplo, Aristóteles no entendió la función del interés en la vida económica; se limitó a observar que el dinero es estéril, que no pare, y de aquí dedujo que el pago de intereses es antinatural y que su cobro es ilícito y debe hacerse ilegal. Este argumento pueril y superficial ha tenido gran influencia en la historia económica y jurídica de muchos pueblos, entre ellos los de nuestra cultura. Es cierto que antes de Aristóteles la Biblia había prohibido el cobro de intereses (por lo menos entre judíos) y que después lo prohibió la religión musulmana. Pero fue sobre todo el peso de la opinión de Aristóteles lo que mantuvo la idea de la ilicitud de los intereses del dinero y lo que hizo que hasta fines del siglo XVIII la legislación canónica y las legislaciones civiles europeas por lo general prohibieran su pago.

El interés es un fenómeno que penetra toda la vida económica, y se manifiesta incluso en los regímenes colectivistas, aunque allí reviste formas peculiares. Su pago ha existido en todos los tiempos y lugares, a pesar de las prohibiciones religiosas y civiles. En la Edad Media, en las naciones cristianas, las necesidades del tráfico y del comercio generalizaron el pago de intereses y crearon problemas de conciencia. Los moralistas y juristas fueron inventando argumentos para adaptar los principios a la realidad: generalmente mantuvieron la idea de que el interés era en principio antinatural e ilícito, pero que en casos concretos podía aceptarse; por ejemplo, cuando se presta dinero a un naviero o a un comerciante que con él obtienen un beneficio; las excepciones fueron siendo cada vez más numerosas hasta convertirse en la norma general. Este proceso no tuvo lugar solamente en los países cristianos: en los musulmanes y en las comunidades judías fue sensiblemente igual. Es siempre arriesgado tratar de descubrir cómo se habría desarrollado la historia si no hubiera ocurrido un hecho que ocurrió o viceversa, pero parece probable que sin la opinión de Aristóteles (repetida y comentada mil veces a lo largo de los siglos) la aceptación del interés habría sido más rápida, con beneficio general.

El pensamiento de los socráticos fue una reacción contra la corriente liberal que significaron los sofistas. Por ello los socráticos destacaron la importancia del Estado y su función como director de la Economía. Aristóteles moderó el r:adicalisrno autoritario e intervencionista de Platón en materia política y económica, pero participó de él: en su pensamiento hay tendencia a buscar refugio en la autoridad y a desconfiar de la libertad de los c:iudadanos en general, y especialmente en materia económica. Para él resulta conveniente que cada ciudadano se mantenga en la posición que le corresponde en la sociedad, que nadie quiera salirse de su esfera. El comercio tiene algo que no está bien y el comercio internacional es decididamente perturbador: priva a la autoridad política de la posibilidad de controlar toda la vida dc la ciudad. Por definición, el comercio entre dos ciudades no puede ser controlado por la autoridad de una de ellas, pues una de las partes contratantes no está sometida a su jurisdicción.

Esta concepción pasó de Aristóteles a los primeros Padres de la Iglesia y de ellos a la Iglesia en general hasta hoy. En el siglo XIX, cuando los pensadores cristianos se sentían puestos a escoger entre la idea liberal y la socialista, la permanente influencia de Aristóteles empujó a muchos hacia la segunda. A estos cristianos les dio miedo un sistema de organización económica basado en un mecanismo impersonal como es el mercado; prefirieron tratar de ponerse de acuerdo con los socialistas; grandes diferencias les separaban de ellos, pero unos y otros coincidían en la confianza, en el calor que les inspiraba un Estado con facultades para resolver (según los criterios de cada uno) los problemas que pueden presentarse.

El pensamiento cristiano debe reexaminar los conceptos que forman parte esencial de él y que son fruto de influencias extrañas. Estas influencias han de ser tratadas con respeto si su procedencia es valiosa, y siempre cuando sea antigua. Pero han de ser revisadas. Los físicos, los químicos, los zoólogos y los botánicos, con todo respeto a Aristóteles, han desechado las ideas de éste sobre sus respectivas disciplinas que la experiencia demostró ser erróneas. Los teólogos y los economistas habrían de hacer lo mismo con las ideas económicas del filósofo griego; éste, por circunstancias históricas, tuvo un fuerte recelo por la libertad económica; dos mil quinientos años de historia y más de doscientos de ciencia económica nos han enseñado el valor de la libertad. Tocqueville ha escrito: "Creo que yo habría amado la libertad en todos los tiempos, pero en el tiempo en que vivimos me siento dispuesto a reverenciarla."

BIBLIOGRAFÍA

ANDERSON, D. (editor), *The kindness that kills,* SPCK, Londres 1984 (artículos de varios autores).

BARONE, E., *Il Ministero della Produzione nello Stato Collettivo,* 1908. Una traducción inglesa está incluida en el libro *Collectivist economic planning,* editado por Friedrich Hayek.

BAUER, P., *Dissent on Development,* Weidenfeld and Nicolson, Londres 1971.

— *Reality and Rhetoric: Studies in the Economics of Development,* Londres 1983.

BELTRÁN, L. (seleccionador y prologuista), *La economía de mercado,* Sociedad de Estudios y Publicaciones, Madrid 1963. Artículos de Walter Eucken, Milton Friedman, Friedrich Hayek, Friedrich A. Lutz, Fritz Machlup, Alfred Müller-Armack, Karl R. Popper, Wilhelm Röpke, Heinrich von Stackelberg y Daniel Villey.

— *Economía y libertad,* Editorial Tecnos, Madrid 1978.

— *La nueva economía liberal,* Unión Editorial, Madrid 1982.

BLUM, W. G., and KALVEN, H. The Uneasy Case for Progressive Taxation. The University of Chicago Press, Chicago, 1952.

CLARK, C., *Welfare and Taxation,* Catholic Social Guild, Oxford 1954.

CHOW, S. C., y PAPANEK, G. F., "Laissez-faire, Growth and Equity, Hong Kong", en la revista *The Economic Journal,* junio de 1981.

DEBREU, G., *Theory of Value. An Axiomatic Analysis of Economic Equilibrium,* 1959.

DEMPSEY, B. W., *Interest and Usury,* Dennis Dobson, Londres 1948.

FANFANI, A., *Cattolicesimo e Protestantesimo nella formazione storica del Capitalismo,* Ed. Vita e Pensiero. Hay una traducción inglesa, *Catholicism, Protestantism and Capitalism,* Sheed and Ward, Nueva York 1939.

FRIEDMAN, M. y R., *Free to Choose.* Hay una versión española, *Libertad de elegir,* Barcelona 1980.

GILDER, G., *Wealth and Poverty,* 1981. Varias ediciones posteriores. Hay traducción española, *Riqueza y pobreza,* publicada por Editorial Planeta.

HABERLER, G., "La teoría de los costes comparativos y el comercio internacional de mercancías agrícolas", en la revista *Moneda y Crédito,* septiembre de 1965.

HAYEK, F.; PEARSON, N. G.; MISES, L. von; HALM, G.; y BARONE, E., *Collectivist economic planning,* Routledge and Kegan Paul, Londres 1935 (muchas versiones posteriores).

HAYEK, F.A., *The Road to Serfdom,* Londres 1944. Hay traducción española, *Camino de servidumbre,* Unión Editorial, 3.ª ed., Madrid 2021.

— "Historia económica y pensamiento económico", en el volumen *La economía de mercado,* Madrid 1963.

— *The Constitution of Liberty,* Londres 1960. Hay traducción española, *Los fundamentos de la libertad,* Unión Editorial, 10.ª ed., Madrid 2020.

— *La ampliación del mercado y el orden económico,* conferencia pronunciada en la Cámara de Comercio e Industria de

Madrid el 30 de octubre de 1984. Incluida en la publicación de esta Cámara *La libre empresa,* Madrid 1985.

KASER, M., *Comecon. Integration problems in the planned economies,* Oxford, University Press 1965.

KUZNETS, S., *Modern Economic Growth: Rate, Structure and Spread,* New Haven 1966.

— *Economic Growth aj Nations: Total Output and Production Structure,* Cambridge Mass., 1971.

MARCOS DE LA FUENTE, J., *El empresario y su función social,* Fundación Cánovas del Castillo, Madrid 1983.

MENÉNDEZ UREÑA, E., (Ver UREÑA, E.M.).

MISES, L. von, "Die Wirtschaftsrechnung im sozialistischen Gemeinwesen", en *Archiv für Sozialwissenschaften und Sozialpolitik,* abril de 1920. Una traducción inglesa está incluida en el libro *Collectivist Economic Planning,* editado por Friedrich Hayek.

— *Human Action,* Londres 1949. Hay traducción española: *La acción humana,* 16.ª ed.,Unión Editorial, Madrid 2024.

ORDO, Jahrbuch für die Ordnung van Wirtschaft und Gesellschaft, 36 vs. publicados desde 1948 a 1985. G. Fischer Verlag, Stuttgart. Numerosos artículos sobre las relaciones entre la Economía, la Moral y la Religión.

PEARSON, N. G., "The Social Revolution and On the Morrow of the Social Revolution", Londres 1907, incluido en *Collectivist Economic Planning,* editado por Friedrich Hayck.

ROBBINS, L., *The Theory aj Economic Policy in English Classical Political Economy,* Macmillan, Londres 1952.

— *Liberty and Equality.* Versión española, *Libertad e igualdad,* Madrid 1980.

RÖEPKE, W., *Die Lehre van der Wirtschaft,* Viena 1937. Hay traducción española, *Introducción a la Economía Política,* Unión

Editorial, Madrid 1974 (tanto del original alemán como de la versión española hay varias ediciones).

— *Die Gesetlschaftskrisis der Gegenwart,* ErlenbachZürich 1942. Hay traducción española, *La crisis social de nuestro tiempo,* Alianza Editorial, Madrid 1947 (tanto del original alemán como de la versión española hay varias ediciones).

— *Internationale Ordnung-heute,* Erlenbach-Zürich 1954 (varias ediciones).

— *Civitas humana. Grundfragender Gesellschafts und Wirtschaftsreform,* Erlenbach-Zürich 1944 (varias ediciones). Hay traducción española, *Civitas humana,* Alianza Editorial, Madrid 1956.

— *Liberalism and Christianity,* Chicago 1957.

— *Jenseits von Angebot und Nachfrage,* Erlenbach- Zürich 1958. Hay traducción española, *Más allá de la oferta y la demanda,* Unión Editorial, 3.ª ed., Madrid 2026.

— *Gegen die Brandung,* Eugen Rentsch Verlag, Erlenbach-Zürich 1959.

SCHWARTZ, P., *Empresa y libertad,* Unión Editorial, Madrid 1981.

SMITH, A., *Investigación sobre la naturaleza y las causas de la riqueza de las naciones,* edición original inglesa de 1776 (muchas ediciones y traducciones).

UREÑA, E.M., *El mito del cristianismo socialista,* Unión Editorial, Madrid 1981 (varias ediciones posteriores). Traducciones inglesa, portuguesa y alemana.

VILLEY, D., "L'économie de marché devant la pensée catholique", en *Revue d' Economie Politique,* noviembrediciembre de 1954, pp. 936-983. Traducción española en el volumen é›Economía libre o dirigida?, Unión Editorial, Madrid 1973.

VOSLENSKY, M., *Nomenkatura,* Viena 1980. Hay traducción española, *La Nomenklatura. Los privilegios en la URSS,* Editorial Argos Vergara, Barcelona 1981.

WALRAS, L., *Eléments d'économie politique pure,* 1874, edición definitiva 1926.

WILLIAMS, M. J., *Catholic Social Thought,* The Ronald Press Company, Nueva York 1950.

ÍNDICE DE NOMBRES

Para más información,
véase nuestra página web
www.unioneditorial.es